EL CARÁCTER DE LA MUJER VIRTUOSA

EL CARÁCTER DE LA MUJER VIRTUOSA

PROVERBIOS 31

MARILYN JENSEN

EDITORIAL PORTAVOZ

La misión de *Editorial Portavoz* consiste en proporcionar productos de calidad —con integridad y excelencia—, desde una perspectiva bíblica y confiable, que animen a las personas a conocer y servir a Jesucristo.

EDITORIAL PORTAVOZ
2450 Oak Industrial Dr. NE
Grand Rapids, Michigan 49505 USA
Visítenos en: www.portavoz.com

ISBN 978-0-8254-5699-2

6 7 edición / año 26

Impreso en los Estados Unidos de América
Printed in the United States of America

Proverbios 31:10-31

Mujer virtuosa, ¿quien la hallará? Porque su estima sobrepasa largamente a la de las piedras preciosas. El corazón de su marido está en ella confiado, y no carecerá de ganancias. Le da ella bien y no mal todos los días de su vida. Busca lana y lino, y con voluntad trabaja con sus manos. Es como nave de mercader; trae su pan de lejos. Se levanta aun de noche y da comida a su familia y ración a sus criadas. Considera la heredad, y la compra, y planta viña del fruto de sus manos. Ciñe de fuerza sus lomos, y esfuerza sus brazos. Ve que van bien sus negocios; su lámpara no se apaga de noche. Aplica su mano al huso, y sus manos a la rueca. Alarga su mano al pobre, y extiende sus manos al menesteroso. No tiene temor de la nieve por su familia, porque toda su familia está vestida de ropas dobles. Ella se hace tapices; de lino fino y púrpura es su vestido. Su marido es conocido en las puertas, cuando se sienta con los ancianos de la tierra. Hace telas, y vende, y da cintas al mercader. Fuerza y honor son su vestidura; y se ríe de lo por venir. Abre su boca con sabiduría, y la ley de clemencia está en su lengua. Considera los caminos de su casa, y no come el pan de balde. Se levantan sus hijos y la llaman bienaventurada; y su marido también la alaba: Muchas mujeres hicieron el bien; mas tú sobrepasas a todas. Engañosa es la gracia, y vana la hermosura; la mujer que teme a Jehová [el Señor], ésa será alabada. Dadle del fruto de sus manos, y alábenla en las puertas sus hechos.

Agradecimientos especiales

Para poder plasmar las ideas en papel y tinta se necesita el esfuerzo mancomunado de muchos, y así surge este objeto maravilloso que llamamos un libro. Mi más sincero agradecimiento en especial a las siguientes personas:

María Teresa Rodríguez, mi intérprete en Uruguay cuando enseñé en la Escuela Dominical una clase para jovencitas, y también porque me animó a poner por escrito el tema de nuestra clase y de este libro.

Jean Martin, por su disposición de tomarme de la mano para dirigirme por un camino desconocido que incluyó mostrarme los obstáculos, por su dedicación y deseo de ver terminado este proyecto tanto como yo, y por las muchas horas que dedicó a instruirme, a escribir y a editar.

George Jensen, mi esposo, por su paciencia mientras me pasaba innumerables horas en la máquina de escribir y en la computadora. Valoro su conocimiento de las Escrituras, sus consejos y la forma rápida con que caía en la cuenta de los errores. Ha sido mi crítico implacable, mi apoyo constante y mi mejor amigo, todo al mismo tiempo.

Ken Jensen, mi paciente hijo, por enseñar trucos nuevos al «perro viejo» en la computadora, y por coordinar la estructura y producción de este libro. Sus creativas ideas fueron una ayuda continua.

Lorilee Evans, Pam Kintigh, Lelani Mortland y Joan Jensen, por los consejos, por mecanografiar, por verificar las citas bíblicas y leer los originales.

Y muchos otros, por el aliento que me dieron. ¡Los amo a todos!

Este libro está dedicado a las preciosas mujercitas en mi vida:

mi hija Cindy; mis nueras, Joan y Karen;
y mis nietas Caroline, Charity, Keisha y Leticia.

Pido a Dios que todas ellas lleguen a ser
como la mujer virtuosa descrita en las páginas siguientes,
que hagan el bien todos los días de su vida,
con honradez, sabiduría, amabilidad y temor de Dios.

Índice

Cómo nació este libro

Este libro fue escrito a causa de un equipo de baloncesto que por muchos años ganó todos sus partidos, y de una mujer que vivió antes que Cristo naciera. ¿Qué tienen en común un equipo vencedor en baloncesto y una mujer que vivió hace miles de años? ¡Pregunta muy lógica! Veamos si te lo puedo explicar.

Enseñé en Uruguay una clase de escuela dominical a un grupo de jovencitas que no habían recibido de sus madres ninguna instrucción en cuanto a la vida cristiana, y el Espíritu Santo me hizo pensar que podía utilizar Proverbios 31 como base para mis lecciones. Aunque la mujer perfecta que se describe en ese texto vivió hace miles de años y en una cultura totalmente diferente a la nuestra, yo ya había descubierto en el estudio que, los *principios* sobre los cuales ella basaba su vida, eran tan pertinentes hoy como lo habían sido en sus días.

Matthew Henry está de acuerdo en que esa encantadora mujer de Proverbios 31 es un buen ejemplo. «Este espejo para mujeres, en el cual se desea que se miren y se adornen y, si lo hacen, su atavío será para alabanza, honor y gloria, en la venida de nuestro Señor Jesucristo» (Charles Bridges, *Proverbs*, p. 629).

Mi anhelo era ver a estas jóvenes uruguayas crecer en gracia similar y usar el mismo espejo.

Fue entonces que descubrí la «Pirámide del Éxito» de John Wooden. Al preparar la clase semana tras semana, me fui dando cuenta de que incluía notas tomadas de las ideas del entrenador Wooden. Esto me hizo sentir perpleja. Estas jóvenes uruguayas no eran desde luego ni campeonas de baloncesto, ni tenían perspectiva alguna de llegar a jugar baloncesto. Llegué entonces a la conclusión de que los principios que el entrenador Wooden inculcó en sus jugadores y la lista de principios en Proverbios eran los preceptos que nos llevan al éxito en cualquier esfera y en cualquier época.

Fue muy asombroso y emocionante descubrir que cada uno de los bloques en la Pirámide del Éxito tenía un equivalente muy parecido en algún versículo o frase en Proverbios 31. ¡Me resultó fácil el estudio! Cada semana parecía desentrañar nuevas verdades.

Comencé a enseñar estas lecciones en forma regular durante nuestros viajes por Estados Unidos. Algunas mujeres comenzaron a preguntarme entonces cuándo iba publicar esos estudios. O por qué no había escrito un libro sobre la mujer en Proverbios. O que les diera copia de las notas cuando ya las tuviera completas por escrito.

Muchos teólogos han escrito sobre Proverbios 31. Grandes autores han producido volúmenes alabando a esta mujer virtuosa. Pero, a medida que en estos sencillos capítulos se vayan entrelazando los versículos que nos cuentan por qué esta mujer sobresalió con los principios que utilizó John Wooden para formar su equipo de sobresalientes jugadores, quiera Dios desafiarte a ti a estudiar con mayor profundidad las Escrituras para que llegues a ser una mujer cristiana exitosa.

Un cimiento de roca sólida

¿Estás edificando una casa nueva o ampliando el garaje? Por supuesto que están los planos, pero la primera palada de tierra es para preparar los cimientos, esa parte tan necesaria del edificio, y que resulta tan costosa y toma tanto tiempo. Y, para que resulte más preocupante, ¡después de terminado ni siquiera se ve!

Antes también hay mucho que hacer. ¿Qué hay bajo la superficie? ¿Es arenoso el suelo o hay capas sólidas abajo? ¡Los cimientos son importantes! A pesar de que se construya con mucho cuidado y de lo hermoso que quede el edificio, la estructura no va a permanecer si no tiene buenos cimientos.

Antes de comenzar a construir nuestra Pirámide del Éxito y a utilizar el consejo de John Wooden sobre las cualidades de las personas, asegurémonos de que la base que tenemos sea firme. ¡Qué tontería sería construir antes de tomar en cuenta a la roca sólida, Cristo Jesús!

Piensa en el mandato de Dios. Jesús dijo: «De cierto, de cierto te digo, que el que no naciere de nuevo, no puede ver el reino de Dios» (Juan 3:3).

Considera la condición del ser humano. Romanos 3:10-11 y 23 dice: «...No hay justo, ni aun uno; no hay quien entienda, no hay quien busque a Dios... por cuanto todos pecaron, y están destituidos de la gloria de Dios».

Piensa en la condenación del ser humano: «Y de la manera que está establecido para los hombres que mueran una sola vez, y después de esto el juicio» (Hebreos 9:27).

Considera el plan de Dios: «Mas Dios muestra su amor para con nosotros, en que siendo aún pecadores, Cristo murió por nosotros. Pues mucho más, estando ya justificados en su sangre, por él seremos salvos de la ira» (Romanos 5:8-9).

Toma en cuenta el requisito de Dios: «Que si confesares con tu boca que Jesús es el Señor, y creyeres en tu corazón que Dios le levantó de los muertos, serás salvo... Porque todo aquel que invocare el nombre del Señor, será salvo» (Romanos 10:9 y 13).

Recibe la salvación de Dios: «Mas a todos los que le recibieron, a los que creen en su nombre, les dio potestad de ser hechos hijos de Dios» (Juan 1:12).

¿Eres consciente del mandato de Dios, de tu condición y condenación?¿Has aceptado al Señor Jesucristo como tu Salvador? ¿Has cumplido con los requisitos? Si puedes responder «sí» a estas preguntas, entonces tu cimiento es sólido. ¡Cristo es tu Roca y tú estás preparada para construir una pirámide!

LA PIRÁMIDE DEL ÉXITO

de John Wooden entrenador de baloncesto de la Universidad de California en Los Ángeles (UCLA), ahora jubilado.

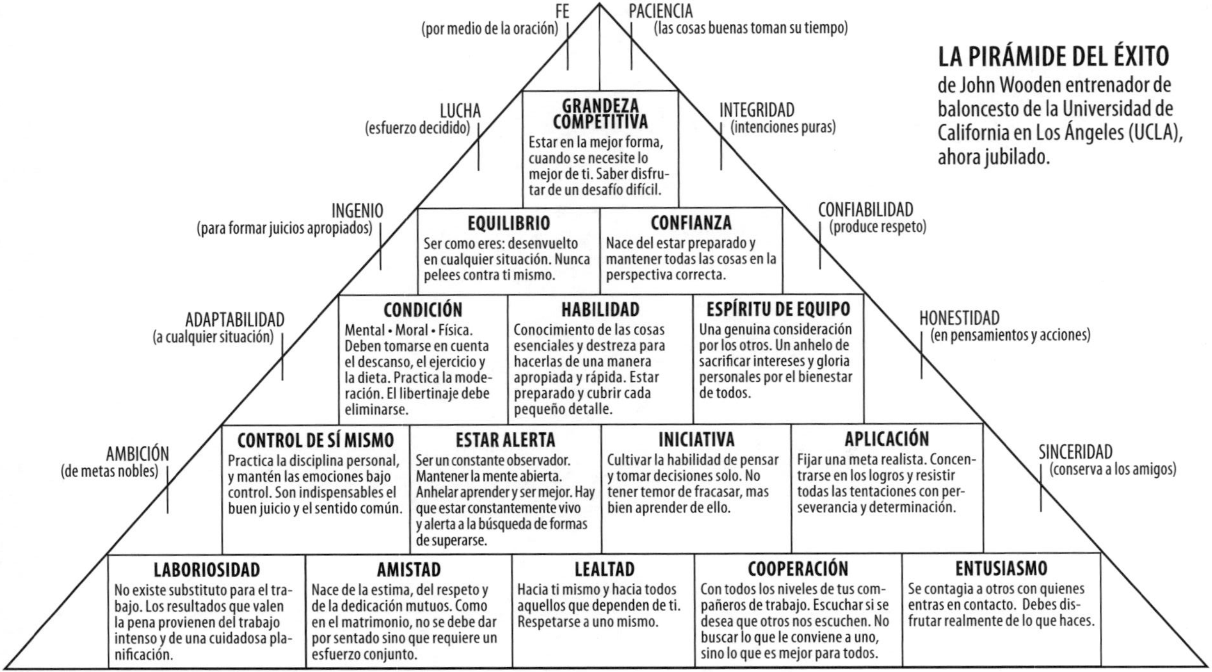

capítulo 1

Entusiasmo

Se contagia a otros con quienes entras en contacto.
Debes disfrutar realmente de lo que haces.

Nos ponemos de pie junto a la Pirámide del Éxito y miramos hacia su vértice. ¡Victoria! Nos vemos a nosotras mismas ahí; confiadas, felices, mujeres productivas.

John Wooden tuvo sin duda mucho éxito al llevar al equipo de UCLA a ochenta y ocho victorias consecutivas y a diez campeonatos de la NCAA (Asociación Atlética Universitaria Nacional). La mujer de Proverbios 31 acerca de la que hemos leído y a la que hemos admirado, y sobre la que hemos escuchado tantos mensajes, sobresale entre todas las demás.

¿Qué hicieron ambos para llegar tan alto? Si nosotros seguimos sus huellas, ¿podremos colocarnos en la cima con ellos? ¿Podemos aprender las reglas que nos harán tener éxito? ¡Hagamos el intento!

La base de la Pirámide del Éxito de John Wooden está formada de cinco bloques. Piensa por un momento. ¿Qué características elegirías como base para el éxito?

Las piedras angulares para el entrenador Wooden son entusiasmo y laboriosidad. Aunque la palabra *entusiasmo* no está en la Biblia, el principio sí se encuentra a lo largo de todas las Escrituras.

Ahora respóndeme rápido: ¿Cuál sería la que te describiría mejor cuando te levantas de la cama por la mañana y te diriges a darte una ducha? ¿Podría ser la palabra «entusiasmo»? ¿O pensaste en la palabra «cansancio»? ¿Ocupa el entusiasmo uno de los primeros lugares en tu lista?

Cuando te diriges hacia el lugar donde juega tu equipo favorito de fútbol (o baloncesto, o algún otro), tu entusiasmo se va a notar. Es una especie de entusiasmo *fanático, animoso, una agitación que se produce dentro de ti*. En realidad, así se espera que sean los aficionados (fanáticos) del deporte. Esto forma parte de la diversión del partido.

¿Qué lugar ocupa el entusiasmo en tu vida? ¿Vives una vida llena de entusiasmo? ¿Es importante eso? ¿Es importante para la mujer cristiana?

El entrenador Wooden piensa que es de vital importancia para el éxito de un equipo deportivo. En su Pirámide del Éxito quiere que haya equilibrio entre el *entusiasmo* (o trabajo) en una de las esquinas y la *laboriosidad* en la otra. Los principios que llevaron a la victoria a un equipo de baloncesto son los mismos que se aplican en el caso de la mujer u hombre cristianos.

El entusiasmo es lo que elimina el fastidio de las tareas rutinarias. La mujer virtuosa realizaba su trabajo con entusiasmo. «Busca lana y lino, y *con voluntad* trabaja con sus manos» (Proverbios 31:13). Las tareas no eran una carga para ella. Lo que significó la diferencia fue su vehemencia.

Ella quería que su familia estuviera bien vestida. Debían vestir ropa de la mejor calidad. Su propia vestimenta estaba por encima de lo común. Se vestía de seda. Aun las telas que confeccionaba con tan buena disposición, no eran telas comunes. Eran de lino fino. (Tal vez en este caso estoy viendo más que lo que de hecho se encuentra en el texto. Proverbios desde luego que no utiliza la palabra *entusiasmo* en relación con la mujer. No obstante, me parece que resulta claro que pretendía sobresalir. Nada de aburrimiento. Nada a medias. ¿No deberíamos llamar «entusiasmo» a ese empeño por sobresalir?).

El entusiasmo hace mucho más fácil cualquier trabajo. Con cuánta frecuencia he orado: «Dios, sé que *debo* hacer este trabajo; es lo correcto. Pero te confieso que ahora mismo no tengo las ganas de hacerlo. *Dame* la voluntad».

A medida que Dios me muestra las posibilidades escondidas en esa tarea, y mientras espero percibir cómo Él me va a ayudar a llevarlo a cabo, comienzo a entusiasmarme por empezarlo cuanto antes.

Aquella ocasión en que, un poco antes de Navidad, nos despedimos con un beso de nuestra hija de 21 años, ya que íbamos a Uruguay, debo confesar que mi entusiasmo por la obra misionera había disminuido. Nuestros hijos estaban casados, eran felices, tenían esposas cariñosas. Y también resultaba difícil despedirme de ellos, mi preocupación ya no era tan grande. Pero esa hija nuestra quedaba sola y yo estaba preocupada por su bienestar. Sin embargo, Dios hizo tantas maravillas que aprendí a decir con entusiasmo: «No mi voluntad sino la tuya».

¡El entusiasmo es contagioso! Años atrás dos de mis nietas corrieron a tender sus camas y limpiar el dormitorio con exclamaciones de alegría, después de haberse divertido con su mamá Karen, imitando el show de las animadoras.¡Hasta habían usado los coloridos pompones apropiados para esas ocasiones!

Si no puedes imaginarte la diferencia que puede hacer el entusiasmo en tus quehaceres domésticos un día cualquiera, te invito a que hagas la prueba. ¡Por un día, decide estar entusiasmada! (Para este experimento no elijas el sábado en que habías planeado limpiar toda la casa con toda la familia). «¡Bueno, niños... veamos si podemos ordenar esta casa *en una hora*! ¿Quién se va a encargar de sacar *toda* la basura de las papeleras? Y cuando terminemos, ¿qué podríamos cocinar para darle una sorpresa a papá?».

Si eres soltera y vives sola, tendrás que decirte a ti misma: «Vamos, chica... ¿qué tal si dejas este lugar brillante en tiempo récord sin distraerte en nada?». No hagas el trabajo en forma tediosa, solo por el hecho de estar sola. Obséquiate un pequeño ramo de flores frescas. Piensa en algo que has estado deseando hacer, visitar una galería de arte o irte a comer a algún restaurante nuevo. Las posibilidades son múltiples. ¡Entonces, hazlo! Invita a una persona amiga a que te acompañe.

El entusiasmo estimula a aquellos que nos rodean; puede atraer a otros a Cristo. Pablo le dijo a los corintios que el fervor de ellos había animado a muchos a hacer buenas obras. Nuestra actitud entusiasta es tan importante como nuestro testimonio oral (2 Corintios 9:2).

No puedo leer el libro de Hechos sin dejar de maravillarme por el gran celo que tenían los cristianos de esos días. Pablo era un hombre entusiasta. Les explicó a los filipenses que su antiguo celo por perseguir a los cristianos se convirtió por completo en un celo por ayudarles. Pablo sufrió graves adversidades mientras trabajaba en las iglesias, pero su enorme entusiasmo por la obra de Dios lo ayudó a seguir adelante en medio de las dificultades.

Nosotros, los cristianos, esperamos el premio al final de la carrera. Estaremos ante la presencia de Dios para recibir nuestras recompensas. ¡Qué promesa tan hermosa!

No obstante, podemos, además, ser recompensados de antemano en abundancia. Nuestras vidas pueden estar llenas de satisfacción y emoción cada día. Podemos regocijarnos por los trabajos bien hechos. «Si no eres entusiasta, no puedes rendir al máximo» (John Wooden, *They Call Me Coach*, p. 88). ¿Estás rindiendo al máximo de *tu* capacidad?

PARA UN FUNDAMENTO MÁS FIRME DEL ENTUSIASMO

1. ¿Son mis tareas comunes dignas de que me entusiasme por hacerlas?
   Salmo 100
   Eclesiastés 9:10

2. ¿Conseguirá el entusiasmo que mi forma de testificar sea diferente?
   Romanos 11:13-14

3. ¿Cuál debe ser mi actitud al trabajar con los demás?
   Hebreos 10:23-25

4. ¿Me puedo permitir estar deprimida algunos días?
   Salmo 34:1
   Filipenses 4:4

capítulo 2

Laboriosidad

No existe sustituto para el trabajo. Los resultados que valen la pena provienen del trabajo intenso y de una cuidadosa planificación.

Proverbios 31:14 nos dice que la mujer virtuosa «es como nave de mercader, trae su pan de lejos». Sin desanimarse por la falta de víveres en la región, al final encontraba lo necesario para abastecer a su familia.

En esa época no existían los supermercados. Dar de comer a su familia era una *tarea dura*. Pero ella no se desanimaba ante la escasez. Persistía en seguir buscando hasta que encontraba el alimento que deseaba. Además de traer comida de lejos, compraba campos, los sembraba, hacía el lino y la lana, confeccionaba prendas y ayudaba a los pobres. Siempre estaba ocupada. Se levantaba temprano cada día para poder cumplir con su tarea.

La laboriosidad fue la ley desde el principio. Aunque la humanidad tiene la huella de la caída, hay una promesa de bendición para aquellos que no son perezosos. Dios enseña a su pueblo a trabajar seis días por semana. Tenemos que trabajar para poder comer. «Si alguno no quiere trabajar, tampoco coma» (2 Tesalonicenses 3:10).

Cuando Dorcas murió (Hechos 9) toda la comunidad lloró. ¿Saben por qué? Le guardaron duelo porque durante su vida había trabajado muy duro. Había confeccionado ropa para muchas personas.

¿Te oigo decir que ya has colocado ese segundo bloque en tu ascenso personal hacia el éxito? ¿Estás siempre ocupada y trabajas mucho?

Eso es un buen comienzo, pero necesitas más que actividad. La organización debe orientar la laboriosidad. Un niño de dos años puede vaciar *laboriosamente* todos los cajones de la casa, pero ¿con qué propósito? Un plan *bien pensado* nos ayudará a evitar andar en círculos, le dará un propósito a nuestra labor.

Si pasamos un tiempo juntas, nos vamos a dar cuenta de si eres o no una persona bien organizada. Si tu casa está desarreglada y tu vida desordenada, indicaría que tu alma probablemente también está en desorden. Una vida ordenada habla de un alma ordenada.

¿Han observado que la mayoría de las mujeres activas en la iglesia y en la comunidad son las que suelen tener sus casas más prolijas? Estas mujeres han aprendido a aprovechar cada minuto. La organización y la planificación bien pensada son el secreto.

La laboriosidad debe incluir el equilibrio. No vamos a poder evitar interrupciones en nuestro bien planeado programa de trabajo. Tendremos que ir ajustándonos según el desarrollo del día (lo más urgente debe hacerse primero). El polvo sobre el piano puede esperar, mientras le damos prioridad a un paseo con un hijo; el montón de ropa para planchar no se moverá mientras nos vamos a nadar; la canasta de ropa para remendar va a sobrevivir a los colores del otoño; y los platos sin lavar son menos importantes que pasar una hora tranquila, sentada junto a la estufa en una noche fría de invierno. Pero asegurémonos de que esas *interrupciones* no sean *excusas*.

El conocimiento es tan importante como la organización en la vida laboriosa. Si nuestras familias deben comer una dieta balanceada, tenemos que aprender en qué consiste una buena dieta. ¡Y aprender también da trabajo!

La encantadora mujer de Proverbios 31 no tenía facilidades para ir a comprar comida como las tenemos nosotras hoy. Ella misma plantaba las semillas, o mandaba a buscar las provisiones desde muy lejos. (¿Ustedes piensan que hubiera ido al servicio de comida rápida a buscar hamburguesas para la cena, si tal cosa hubiera existido?).

Cuando utilizamos el conocimiento realizamos mejor el trabajo. Algunas personas parece que siempre reciben ofertas de trabajo. No andan en busca de trabajo. ¡Son personas buscadas!

Nuestro hijo mayor es un buen ejemplo de esto. Desde muy joven siempre consiguió trabajo, aunque otros se quejaban de que no había empleos disponibles. ¿Cuál era el secreto? Era y es un obrero fiel, buen trabajador, no uno de los que dicen: «hoy no puedo ir a trabajar», o «consígase otra persona pues yo no sé hacer ese trabajo». ¡Si no sabes... entonces aprende!

Aprende a trabajar cuando dispones de horas de ocio, averigua si hay una madre enferma que necesita ayuda para cuidar sus niños. Puedes hacer los mandados de una persona anciana Ofrécete a ayudar en alguna tarea de la iglesia. Aprende a decir: «¿Qué puedo hacer?».

Enseña a tu familia a ser laboriosa. Las abuelas y las ancianas deben exhortar a las mujeres más jóvenes, siendo un ejemplo de laboriosidad para ellas. Tito 2:35 enseña este principio. ¿Qué hay que enseñarles? Se debe enseñar a las más jóvenes a amar a sus esposos y a sus hijos, a cuidar de su casa, y a ser buenas y obedientes a sus propios maridos. ¿Por qué? Para honrar la Palabra de Dios.

Es fácil volverse perezosa. Es fácil posponer nuestras responsabilidades para otro día. Comenzamos a aprender malos hábitos y, lo que es peor, contagiamos a otros con nuestro mal ejemplo. Hay ojitos que nos miran y pies pequeños que siguen nuestras huellas. Nuestro ejemplo podría muy bien determinar su fracaso o éxito futuros, como jóvenes, esposas y madres.

Comencemos nuestra aventura hacia el éxito haciendo de la laboriosidad un hábito. Ser laboriosas no es una opción para las personas cristianas, sino ¡una obligación! Si nos sentimos tentadas por la pereza, no nos rindamos. Nuestro trabajo *tendrá* recompensa.

PARA UN FUNDAMENTO MÁS FIRME DE LA LABORIOSIDAD

1. Cuando no estoy ocupada, existe el peligro de llegar a ser ______________________.
   2 Tesalonicenses 3:11

2. ¿Cómo debería realizar todas mis actividades?
   Efesios 6:6
   Colosenses 3:17, 23

3. ¿Cuál es la mejor forma de responder ante las actividades del trabajo?
   Romanos 12:11

4. ¿Vale de verdad la pena todo este trabajo mío tan duro?
   1 Corintios 15:58
   2 Timoteo 4:7-8

capítulo 3

Amistad

Nace de la estima, respeto y dedicación mutuos. Como en el matrimonio, no se debe dar por sentada sino que requiere un esfuerzo conjunto.

Una vez me dijo una maestra: «Enseñar sería más fácil, si no tuviéramos que tratar con los alumnos». ¡Por supuesto que estaba bromeando! Para enseñar se necesitan los alumnos, pero entendí muy bien qué me quiso decir.

¿Alguna vez has tenido el sentimiento de que te podría ir mucho mejor en la vida, si no fuera por la gente? Haces planes; lo preparas todo; comienzas el proyecto; ¡y la gente llega al lugar del éxito! El bebé grita desesperado, el de diez años se porta mal a propósito, incluso tu esposo te dice que no fue suya la idea de una tarde libre. Tu jefe te asigna un trabajo urgente. Captas la idea ¿verdad? Los problemas los causa la gente.

Sí, la mayoría de nuestros problemas tienen que ver con la gente. Sin embargo, también hay gente involucrada en la mayoría de nuestros placeres. Y es imposible llegar a ser una mujer cristiana exitosa (o jugador de baloncesto) sin aprender a relacionarnos con los demás.

La primera cosa que notamos en nuestra heroína de Proverbios tiene que ver con las relaciones personales. Salomón nos dice en sus Proverbios que «el que halla esposa halla el bien, y alcanza la benevolencia de Jehová [el Señor]» (Proverbios 18:22).

Esta admirable mujer de Proverbios 31 y su esposo sin duda disfrutaban de una relación en la que se manifestaban esas características que Wooden dice que son necesarias para tener éxito. Ella era amiga de su esposo. Fue leal (versículo 11; él podía confiar en ella); fue una buena influencia (versículo 12; ella trabajaba con él, no en su contra). Tenía alta estima y respeto por su esposo, quien se sentaba entre los ancianos de la tierra. Y él prosperó, gracias a ella.

En las Escrituras se refiere solamente a las relaciones de ella con los demás. Sabemos que ella cuidó muy bien a su familia; les alimentó (versículo 15) y vistió (versículo 21) y los preparó (versículo 27) con bondad e inteligencia (versículo 26). Sus hijos no fueron rebeldes. Se levantaron y la llamaron bienaventurada. Es probable que también otros la alabaran.

Todos nosotros necesitamos un amigo con quien podamos reírnos y a quien podamos contarle nuestros problemas y confiarle los deseos de nuestro corazón. Dios, por supuesto, es el Amigo principal. Él solo espera nuestra respuesta a su oferta de amistad. En realidad, ¿sabías que puedes vivir, existir y tener éxito, sin *ningún otro amigo* si fuere necesario?

Había una vez una niña sometida a abusos y carente de amor. Alguien le dijo que Dios la amaba y ella aceptó su amor de la mejor manera que conocía. Por años, no escuchó otra verdad, ni tuvo otro amigo, pero el conocimiento de que Dios la amaba le dio consuelo y fortaleza. Cuando tuvo la edad para salir de esa situación tan triste (en una ocasión su familia llegó al punto de tratar de matarla) quedó maravillada al descubrir que había muchas otras personas que amaban a Dios. Pero ella había sobrevivido sin ningún otro compañerismo, sin ningún otro amigo.

La vida resulta más fácil cuando tenemos uno o más amigos. En cuanto a la mujer cristiana que busca el éxito que estamos analizando, nosotras deberíamos brindar esa amistad a otra persona que la esté buscando.

Nuestros íntimos amigos deberían ser los miembros de nuestra propia familia. Madre cristiana, tú tienes la oportunidad de ser la amiga que tus hijos necesitan y, de este modo, enseñarles también a ser amigos de otros. Me llenó de profunda tristeza cuando mi dulce y querida madre partió para estar con el Señor, y con ello cesaron sus oraciones por mí. Habíamos estado separadas la una de la otra por centenares de kilómetros desde que me fui a estudiar a la universidad. Después de que me casé, nos separaban unos 3.500 kilómetros. La distancia no disminuyó mi amor y mi aprecio por ella. Saber que ella estaba orando por mí, mantenía elevado mi espíritu.

También recuerdo las horas que he compartido con mis hijos, orando, riendo o llorando juntos. Todavía no estamos de acuerdo en todo (aunque ahora ya son lo bastante grandes como para darse cuenta de que *la mamá sabe lo que es mejor*), pero siempre estoy dispuesta a escucharlos. Aunque la hija tenga cuatro, catorce, o cuarenta años, mamá mantiene abierta la línea de comunicación, sin la perturbación ruidosa de la parcialidad o de las cosas triviales.

Tu mejor amigo en el ámbito de tu estructura familiar debería ser tu *propio* esposo. Ese es el hombre a quien prometiste amar, honrar y obedecer no solo cuando todo va bien, sino incluso durante los tiempos difíciles. Para bien o para mal, en tiempo de enfermedad o salud, eso es lo que nos prometimos uno al otro. ¿No deberíamos ser los amigos más queridos?

Una buena esposa no quiere mostrar un espíritu crítico y quejoso. Nuestras circunstancias tal vez sean difíciles, pero Dios, el Diseñador Maestro de nuestras vidas, nos ha colocado en el lugar donde estamos. Debemos darle las gracias en todo, en vez de refunfuñar y con ello desilusionar a nuestros esposos.

La esposa cristiana quiere hacer el bien. A veces para hacer el bien hacen falta oídos abiertos, boca cerrada y gestos controlados. Nuestras acciones y reacciones demuestran que somos malos oyentes. Si mostramos amargura y resentimiento, aunque no digamos ninguna palabra, no es extraño que los hombres en nuestra vida no confíen en nosotras más a menudo.

La amistad verdadera dentro del matrimonio requiere

comunicación. Si no podemos compartir nuestros pensamientos e ideas, ¿por cuánto tiempo va a durar la felicidad? Es probablemente que solo mientras dure la atracción física. No debemos minimizar nuestra naturaleza sexual, pero el matrimonio es más que una atracción física. Si no te comunicas con tu esposo, todavía no está todo perdido. La comunicación se puede aprender. Toma la decisión de interesarte por las cosas que le interesan a él. Interésate en él como persona. ¿Qué es lo que lo hace especial? Amplía tus horizontes. Infórmate. Ten temas sobre los que hablar.

Una de las cosas más tiernas que mi esposo me ha dicho es que, de todos sus amigos en este mundo, yo soy la mejor. Dice que puede venir a mí con completa confianza, sabiendo que voy a respetar los secretos de su corazón. Me alegro de que piense así. Estoy contenta de que la lealtad que he tratado de mostrarle haya fomentado su confianza en mí. También hemos decidido que debemos cooperar uno con el otro para servir a Dios y para mantener el gozo en nuestra relación.

¿Son tus amigos obligaciones que hay que pagar o un capital? Por mi experiencia en contabilidad, sé que cada entrada es o una cosa o la otra. Una obligación que hay que pagar o un haber disponible. Los amigos son como las entradas en nuestro libro de contabilidad. Asegúrate de que las personas con quienes pasas más tiempo sean capital. Proverbios 22:24 nos advierte que no nos hagamos amigos del iracundo ni con el hombre de enojos. Los malos modales y los malos hábitos son contagiosos. Llegamos a ser como aquellos con quienes pasamos más tiempo. «No tiene sentido que un carbonero y un tintorero vivan juntos. Sobre lo que uno limpia, el otro deja de inmediato una mancha negra. Deja de fingir. No puedes pasar mucho tiempo entre gente impía sin contaminar tu alma que el Espíritu Santo ha purificado. No te lavó y limpió para verte luego ir corriendo a sumergirte en las aguas estancadas de este mundo pecaminoso. Cuando respiras la atmósfera de perversidad es como el viento del este; nada crece y prospera donde sopla» (William Gurnall, *The Christian In Complete Armour*, volumen 2, p. 208). Cuando nuestros hijos eran pequeños, por su manera de comportarse solíamos saber con quiénes pasaban la mayor parte de su tiempo.

¿Hay un lugar en tu vida para esa clase de amistad que sea un servicio a Dios? Una verdadera amiga es una influencia espiritual en quienes alcanza. ¿Oras con tus amigas? «Si dos de vosotros se pusieren de acuerdo en la tierra acerca de cualquier cosa que pidieren, les será hecho por mi Padre que está en los cielos. Porque donde están dos o tres congregados en mi nombre, allí estoy yo en medio de ellos» (Mateo 18:19-20). ¿Saben tus amigos que oras por ellos?

Una verdadera amiga le da apoyo emocional a sus amigas. Es leal. No cabe ninguna duda acerca de su apoyo. Es honesta. Es un regalo especial de Dios.

«Fieles son las heridas del que ama» (Proverbios 27:6a). La amiga que es bendición para mi vida es la que es sincera a veces con una reprensión abierta, en vez de decirme palabras lisonjeras solo para agrandar y consentir mi propio ego. Una reprensión hecha con ternura y amor, con consideración y piedad, estrecha una amistad en vez de debilitarla. A veces la verdad duele, pero es para nuestro bien.

¿Eres una persona de pocas o ninguna amiga? ¿Cuál es la razón? Es posible que necesites la ayuda de alguien y prepárate para sentirte un poquito herida en tus sentimientos. Es probable que la verdadera razón se encuentre en Proverbios 18:24: «El hombre que tiene amigos ha de mostrarse amigo».

¿Eres una amiga de alguien incrédulo? Recibimos sustento emocional por medio del compañerismo con otros cristianos, pero no por ello debemos aislarnos de quienes tienen necesidad. No podremos brillar en un mundo oscuro, si somos fríos de corazón, sin compasión. Nuestro afecto y amor genuinos deberían atraer a otros; luego les podremos conducir a la verdadera fuente de nuestro amor, el Salvador.

Es lamentable que nosotros los cristianos a menudo seamos muy exclusivos (le cerramos la puerta a aquellos que no creen como nosotros) e intolerantes (condenamos a los inconversos porque no obedecen las reglas, cuando en realidad ellos no tienen fundamento para conocer los deseos de Dios). La amistad verdadera tal vez sea el medio que el Espíritu Santo utilice para atraer a otras personas a Dios.

PARA UN FUNDAMENTO MÁS FIRME DE LA AMISTAD

1. ¿Cuáles son algunos de los beneficios importantes de tener un verdadero amigo?
   Proverbios 17:17a
   Proverbios 27:9-10

2. ¿Son un capital los buenos amigos? ¿Por qué?
   Proverbios 27:17

3. ¿Cuáles son algunas maneras seguras de ahuyentar a los amigos?
   Proverbios 17:9
   Proverbios 20:19

4. ¿Es posible tener compañerismo íntimo con Dios y al mismo tiempo tener amigos íntimos mundanos?
   Santiago 4:4

5. ¿Quién es el mejor amigo que una persona pueda tener, y por qué?
   Juan 15:13-16

6. ¿Hay alguna solución si no tengo amigos?
   Proverbios 18:24

capítulo 4

Cooperación

Con todos los niveles de tus compañeros de trabajo.
Escuchar si se desea que otros nos escuchen.
No buscar lo que le conviene a uno,
sino lo que es mejor para todos.

La gallinita roja tenía un problema similar al de el granjero boliviano. «¿Quién va a ayudar a sembrar?», cloqueaba ella a los haraganes del corral de la granja. Nadie le respondió. Tampoco le respondieron al joven granjero. De hecho, cuando pidió ayuda, los otros meramente siguieron con su ocupación favorita: mirar cómo trabaja otra persona. Lo estuvieron mirando mientras araba la tierra y hacía los surcos para sembrar. Lo estuvieron mirando mientras trabajaba todo el tiempo solo, ocupándose de los cultivos. Llegó la cosecha. ¡Al fin tuvo bastante cooperación! Todos estaban dispuestos a ayudarle a recoger la cosecha y a comer.

Pero el joven había aprendido la lección. No valía la pena sembrar solo si todos los demás compartían la cosecha. En la siguiente temporada no sembró, y nadie más lo hizo.

La mujer excepcional de Proverbios no tenía ninguna de estas características de este cuento. Ella inspiró a otros a trabajar con ella y compartió el premio, y no solo con los que le ayudaron. «Alarga su mano al pobre, y extiende sus manos al menesteroso» (Proverbios 31:20).

El éxito se basa en un cimiento amplio de características que se entrelazan: laboriosidad y entusiasmo, amistad, lealtad y cooperación. Cada característica tiene su propio valor, pero al unirlas proveen una masa más estable.

Tenemos que cooperar en todos los niveles: el hogar, la iglesia, el vecindario, el trabajo y la diversión. Las responsabilidades son diversas, las habilidades varían, pero siempre ha de prevalecer una actitud de cooperación. Las cargas son más pesadas unas que otras. Hay personas suficientemente fuertes como para llevar cargas más pesadas. Algunos son colocados en lugares de autoridad para guiar a los demás que ayudarán a llevar a cabo los planes.

De nuevo, en sentido práctico, la cooperación hace más fácil la vida.

Si los niños aprenden a vivir juntos, en paz, y cada uno hace el trabajo que le corresponde, el manejo de la casa es más alegre. Una casa brillante y un jardín cuidado se pueden conseguir en muy poco tiempo, cuando todos los integrantes de la familia trabajan juntos. El trabajo puede ser divertido y productivo. Pero se debe hablar de estas cosas de antemano. Hay que definir quién va a ser responsable por cada tarea, y luego se proporciona la ayuda y el incentivo a medida que el trabajo se va realizando.

¿Y qué se puede decir de las responsabilidades *fuera* de casa? Es fácil decir: «¡Dejemos que Jorge (o María) lo haga!». Pero puede suceder que él (o ella) no lo haga y entonces queda por hacer. ¿Precisa la iglesia una limpieza general? Organicen un grupo y hagan de inmediato el trabajo. ¿Se necesitan ayudantes para llevar adelante un proyecto con la escuela? ¡Ofrécete! Toma parte activa en los proyectos de la comunidad. ¡Nos necesitamos unos a otros!

Como cristianos, hemos sido colocados de forma sobrenatural en un cuerpo, junto con otros creyentes. «Porque de la manera que en un cuerpo tenemos muchos miembros, pero no todos los miembros tienen la misma función, así nosotros, siendo muchos, somos un cuerpo en Cristo, y todos miembros los unos de los otros» (Romanos 12:4-5).

La mayoría de nosotros sabemos cuán importante es que cada

parte del cuerpo opere junto a las demás. (¿Hay alguien que no haya escuchado diversas ilustraciones en mensajes acerca del ojo y el oído, o de otras partes del cuerpo peleando entre sí?). Conocemos la verdad, pero la olvidamos o prescindimos de ella en nuestras relaciones personales, en este cuerpo local de la iglesia donde vivimos.

Insistimos en salirnos con la nuestra. Así sucedía en la iglesia donde me crié; mirábamos con desdén al punto de vista de los demás: «Oh, eso no puede ser lo correcto».

Nuestros hermanos y hermanas cristianas proceden de lugares diferentes, tienen personalidades diferentes, viven bajo circunstancias diferentes. Nosotras, las mujeres, tenemos la gran oportunidad de mostrar cómo puede funcionar la cooperación. Cuando a una le falta fe, la animamos; si alguien tiene hambre, la alimentamos; si otra tiene sed, hay que darle de beber.

Tenemos la responsabilidad de alcanzar a todo el mundo: «Por tanto, id, y haced discípulos a todas las naciones, bautizándolos en el nombre del Padre, y del Hijo, y del Espíritu Santo; enseñándoles que guarden todas las cosas que os he mandado; y he aquí yo estoy con vosotros todos los días, hasta el fin del mundo» (Mateo 28:19-20).

Nuestro desafío es, como el misionero C. T. Studd nos recuerda: «rescatar las almas de las garras del diablo, y arrebatarles de las mismas fauces del infierno, para alistarlos y entrenarlos para Jesús y hacerlos parte del ejército del Dios de los ejércitos» (Norman P. Grubb, *C. T. Studd*, p. 158).

El sentido común nos indica que no todos podemos ir al campo misionero para cumplir con el deber de enseñar a todas las naciones, pero *podemos* tener el corazón misionero que desea que todo el mundo se salve. Es la cooperación de los cristianos la que logra realizar el trabajo misionero. Algunos van; otros se quedan. Los que vamos, dependemos de las oraciones y donaciones de los que se quedan en casa. No es *mi* trabajo, es *nuestro* trabajo, juntos, con un único propósito: ser obedientes al último mandato de Jesucristo: «id».

PARA UN FUNDAMENTO MÁS FIRME DE LA COOPERACIÓN

1. ¿De qué manera puedo trabajar con más eficacia con otros cristianos?
   Romanos 12:10, 16
   Hebreos 10:24-25
   1 Pedro 3:8-9

2. ¿Qué beneficios obtienen los creyentes al trabajar juntos?
   Efesios 4:12-16
   Hebreos 3:13

3. ¿Hay bendiciones especiales para los cristianos que oran juntos?
   Mateo 18:19-20

4. ¿Cuáles son algunas de las cosas que Dios espera que sus hijos hagan juntos?
   Salmo 34:3
   Isaías 52:8-9
   Romanos 12:15-16
   Filipenses 1:27

capítulo 5

Lealtad

Hacia ti mismo y hacia todos aquellos que dependen de ti.

Sus valijas estaban preparadas y los pasajes en la cartera. Ella sabía que sus padres tardarían en volver, así que eligió ese momento para irse, sin haber hablado con nadie acerca de sus planes con excepción de su hermana.

«¡Esto es la cosa más difícil que he hecho en mi vida!», musitó para sí. Pero sintió confianza en aquel plan tan bien meditado. Por supuesto, también había orado. Era lo único que podía hacer.

Antes de salir de su hogar, escribió una carta a sus padres y se la dio a la hermana. Ver su cuarto vacío sería un golpe muy duro para ellos. Después de todo, la amaban con ternura. Y ella también amaba a sus padres, pero ahora tenía que demostrarlo de una manera diferente, no con besos y abrazos de despedida, como lo hubiera hecho bajo circunstancias normales.

Esta misionera soltera, llamada Mary Reed, había consagrado su vida a los leprosos en la India. Después de todo, si ella no les enseñaba, ¿quién lo haría? Conocía muy bien el peligro del contagio que se presentaba al vivir con esos desheredados, así que cuidó con gran esmero la higiene personal mientras les enseñaba del amor de Cristo y de su necesidad de un Salvador.

Y le llegó el momento de regresar a casa de vacaciones. ¡Era maravilloso poder ver de nuevo a la familia! ¡Los había extrañado tanto!

Un día, Mary notó una pequeña mancha blanca en la mejilla, y otra en la punta de uno de los dedos. ¿Sería posible? ¿Aun después de tomar todas las precauciones? El médico confirmó sus sospechas y fue entonces que decidió regresar a su pueblo en la India sin besos de despedida de su familia. Murió después de haber compartido el evangelio con un grupo de personas que todos los demás habían eludido. Eso es lealtad: ser fiel con los que dependían de ella y en especial con el Dios al que servía.

Para que una persona pueda ser leal debe saber qué se espera de ella. La Palabra de Dios está repleta de mandamientos que se deben obedecer. Los cristianos tenemos que hacer todo el esfuerzo posible por conocer esos mandatos. Y, luego, debemos ser leales a ellos.

Mary Reed supo lo que se esperaba de ella. Eligió servir a quienes amaba. Solo Dios puede dar ese amor, que llama a una persona a vivir con un grupo de despreciados que la mayoría eluden.

Muchos de nosotros no vamos a recibir el llamamiento de vivir bajo circunstancias tan inusuales, pero recordemos que Dios siempre sabe cuál es el lugar mejor en el que debemos servir.

La lealtad implica tanto a los quehaceres pequeños como a los grandes. Por ejemplo, la mujer virtuosa con fidelidad proveyó la luz que su familia necesitaba durante la noche. «Su lámpara no se apaga de noche» (Proverbios 31:18b). La familia dependía de ella para mantener esa lámpara encendida toda la noche. Ella, de forma voluntaria, se levantaba de su acogedora cama, sin pensar en su propio bienestar sino en la comodidad y seguridad de los que estaban bajo su techo.

¿Suponen que no se daba cuenta cuando disminuía la llama de la lámpara o se apagaba por causa de una brisa repentina? Cuán a menudo nosotras como madres *percibimos*, de manera inconsciente, que el niño está enfermo, o escuchamos el lloriqueo del bebé, incluso cuando estamos profundamente dormidas. Es una responsabilidad que llevamos muy dentro de nosotras mismas.

Las circunstancias, obligaciones y oportunidades difieren de una generación a otra, pero los principios de lealtad nunca cambian. Por fortuna, las comodidades del siglo veinte eliminan la necesidad de tener velas encendidas de noche, pero este siglo incandescente y floreciente sigue requiriendo lealtad a los deberes, a la familia y a los amigos.

He aquí una ilustración de lealtad a las circunstancias. Un hombre vivía en la pobreza. Sus padres habían muerto y no tenía casa. Un rey se compadeció de él, le acogió en el palacio y lo introdujo en el círculo íntimo de la familia real. Fue adoptado como hijo y hecho heredero al trono. ¡Quien antes era pobre ahora era un príncipe! Aunque era heredero, no sabía cómo debía actuar. Tuvo que aprender a pensar, a comportarse y a hablar como un príncipe. ¿Cómo debo comportarme en esta situación y ser digno de mi nueva posición? Deseaba traer honor y honra, y no reproche, a su padre y a su reino. ¡Anhelaba ser leal!

En una forma muy simple, este episodio nos muestra lo que Dios ha hecho por nosotros. Éramos una vez hijos de Satanás, pero Cristo nos salvó y nos dio vida eterna. ¿Eres una de sus hijas, adoptada en su familia? ¿Eres leal a tu posición?

Una mujer cristiana presta lealtad permanente a su Salvador. Elige ser sierva ¡porque es una hija agradecida! Nunca se rinde a las tentaciones que traerían vergüenza al Rey de Reyes que la compró, la hizo propiedad suya, le colma sus necesidades y la envía.

La lealtad es una cualidad espléndida. ¡Qué bendición es tener un esposo fiel que ha sido leal desde que, en 1950, prometió amarme, honrarme y cuidarme, a *mí* sola. ¡Él entendió el significado de esos votos: ser leal!

Tener hijos y nietos leales es otra razón para estar agradecidos. Antes que conocieran lo que es la lealtad, aprendieron lo que se esperaba de ellos: decir la verdad, merecer la confianza, ayudar, amar y obedecer. Tanto para los jóvenes como para los mayores, encontramos desafíos en Eclesiastés 9:10, Efesios 4:25 y 6:1. Luego viene la prueba. ¿Saben ser leales a lo que ustedes saben es lo correcto?

Cuando uno de los hijos sale del hogar, recuérdale *qué* nombre representa (el tuyo) y a *quién* pertenece (a Cristo). ¡Que nunca sea causa de reproche ni para el uno ni para el otro! ¡Que sea leal!

También nosotros debemos ser leales. Un ejemplo. El cristiano leal va a ser luz en este mundo de tinieblas. La luz puede ser fuerte y constante. Puede brillar con fidelidad y firmeza. ¿Podrá apagarse la luz de tu vida por una pérdida de poder, o por una brisa ligera, o será fuerte y decidida?

«Como la noche sigue al día, sé leal a ti misma, y continúa siéndolo. Entonces, no serás insincera con ninguna otra persona» (Shakespeare).

PARA UN FUNDAMENTO MÁS FIRME DE LA LEALTAD

1. ¿Cuál sería un buen ejemplo de lealtad del uno para con el otro?
   Lucas 10:27-37

2. ¿Qué pasa si experimento dificultades con alguien que siempre consideraba como amigo bueno y fiel?
   Efesios 4:31-32

3. Encuentra algunas cualidades que estarán presentes en la lealtad.
   1 Corintios 13:4-7
   Hebreos 10:25
   2 Pedro 1:6-7

4. ¿Quién me será siempre leal?
   1 Corintios 1:9

5. La durabilidad y la lealtad dentro del matrimonio, ¿son una opción o una obligación?
   Mateo 19:3-6

capítulo 6

Control propio

Practica la disciplina personal, y mantén las emociones bajo control. Son indispensables el buen juicio y el sentido común.

La persona que manejaba el auto que avanzaba junto al nuestro era una mujer joven y bonita. Sus cabellos rubios eran suaves y su perfil tan clásico como el BMW que manejaba. Al aproximarnos al semáforo, el automóvil que iba delante en el mismo carril que nosotros se desplazó de forma inesperada hacia el carril de ella. La joven, con una reacción rápida, frenó de golpe, pasó al carril de la derecha que estaba vacío y se colocó a la altura del conductor ofensor. Bajó el vidrio de la ventanilla y comenzó a increparlo. Se le desfiguró la cara. A pesar de que llevábamos las ventanillas cerradas, pude oír el lenguaje injurioso. Cuando cambiaron las luces y reanudamos la marcha, la joven aún continuaba con la andanada. Lo último que vimos fue cómo trataba de quedarse a la altura del conductor culpable y le seguía gritando.

Sin duda que, en circunstancias normales, esa joven era una persona amable. Si la hubiéramos conocido en otra situación, es probable que nos hubiera impresionado bien. Pero esa negativa ausencia de control de sí misma nos dejó una mala impresión y echó a perder por el momento el estado de ánimo de las seis u ocho personas que presenciamos el hecho.

¿Puedes verte a ti misma en esa escena? «¡Ah no, yo no!», dices. «Jamás. Yo no reaccionaría de esa manera. Yo no digo malas palabras! ¡Seguro que no!».

No obstante, ¿nunca has castigado con la lengua a uno de tus hijos (o al perro) y, después que te calmaste un poco, te sentiste culpable? ¿Nunca te comiste *toda* la bolsita de caramelos o barritas de chocolate, o te sentiste tan golosa comiendo de todo lo que sirvieron en una cena, que te sentiste incómoda? ¿Hay platos sucios en la pileta ahora mismo, porque empezaste a leer un libro y no podías dejarlo?

Si queremos tener éxito como mujeres cristianas, tenemos que aprender el control de nosotras mismas. Podemos desempeñarnos bien por años, bajo la guía de nuestros padres o de la escuela, o de la iglesia, pero con el tiempo llegaremos al punto en que nadie más estará a cargo. Si no estoy en control en forma personal, no habrá ningún control.

¿La mujer virtuosa tenía control de sí misma? ¡Claro que sí! «...y no come el pan de balde» (Proverbios 31:27b). No se quedaba sentada sin hacer nada. Se levantaba antes de que despuntara el día (v. 15) para comenzar las tareas. Esperaba tranquila la llegada del invierno; no tenía temor del frío porque su familia estaba preparada (v. 21).

¿Cómo conseguimos el control de nosotras mismas? En primer lugar, es algo que aprendemos. La preparación debe empezar cuanto antes. «Instruye al niño en su camino, y aun cuando fuere viejo no se apartará de él» (Proverbios 22:6). Dale gracias a Dios si tuviste padres cristianos que se preocuparon por criar a sus hijos en el temor e instrucción del Señor.

Si estuviste bajo la influencia principal de la filosofía humanista de expresarte y hacer lo que te viniera en gana, cuando se te antojara, entonces deberás reconocer que tu base es defectuosa. Estudia la Palabra de Dios y aprende lo que dice sobre el tema. (Tan solo el libro de Proverbios tiene suficiente material para mantenerte ocupada por un buen tiempo. (Lee Proverbios 4:23, 5:22 y 13:3).

Luego, hay que *practicar* el control propio. Por ejemplo, a medida que estudiamos aprendemos que Dios demanda pureza personal, que debemos cuidar nuestro cuerpo... los fornicarios no heredarán el reino de Dios (1 Corintios 6:9). ¡El castigo por la falta de control propio es fuerte! Así que *decido* hacer lo que Dios manda y, conscientemente, rechazo el pecado sexual.

Claro que muy pronto aprendemos que el pecado es solo parte del problema. Antes de que se produzca el pecado, se da todo un proceso de pérdida de control. Muchos de los problemas relacionados con el control propio en lo *físico*, se resolverían si practicáramos el control de nuestros pensamientos.

¿No resulta desconcertante saber que Dios conoce tus pensamientos tanto como tus palabras? El hecho de que Dios conoce nuestros pensamientos debería significar un impulso suficiente como para querer conducir bien la esfera de nuestros pensamientos.

Otra verdad para alentarnos a tener control propio es que, con el tiempo, nuestro modo de pensar se manifiesta en nuestra conducta. Si con frecuencia soñamos despiertos con algo que deseamos mucho, las emociones se van a apoderar de nosotros, y la razón y la obediencia a Dios pasarán a un segundo plano. Cualquier pecado que hayamos cometido, antes lo hemos *meditado*. Debemos estar siempre en guardia en las actividades diarias.

La falta de control propio resulta evidente en el caso de la persona que no refrena sus apetitos. Mis hijos se asombraron en cierta ocasión del aspecto de un obrero cristiano. No estaba rodeado de una nube de humo de cigarrillo, ni había una botella de bebida alcohólica en su mano, aunque su falta de disciplina era evidente en su gran estómago tan grande que le sobresalía por encima del cinturón. Podríamos parafrasear el dicho: ¿tu exceso en el comer habla tan fuerte que no puedo oír tu testimonio?

Un buen lugar para practicar el control propio es cuando estás sola en tu cuarto, con la televisión encendida. ¿Cuántas horas pasamos nosotras, las mujeres, viendo programas que no aportan ningún beneficio? Eso es malgastar un tiempo precioso e irrecuperable. Y es peor aún cuando no solo vemos programas que no nos dejan ningún beneficio sino que nos hacen daño. ¿Cómo podemos tener pensamientos puros o dar un informe bueno si nuestra mente está llena de basura? No nos equivoquemos. Lo que entra por los oídos y los ojos se asienta en la mente, aunque no lo queramos.

También hay ausencia de control propio en lo que concierne a nuestra lengua. El lenguaje profano, las mentiras y la mala conducta, se podrán esconder de los padres, maestros y pastores por un tiempo, pero la lengua desenfrenada producirá un daño enorme si no la controlamos.

Este pequeño látigo del cuerpo suele soltarse cuando nos enojamos. Proverbios 16:32 nos advierte: «Mejor es el que tarda en airarse que el fuerte; y el que se enseñorea de su espíritu, que el que toma una ciudad». Cuanto antes aprendamos a gobernar la lengua, mucho más fácil será la tarea. El niño que se enoja y hace berrinches es un desdichado, pero ese mismo comportamiento en un adulto es una desgracia.

Aprende a manejar las frustraciones; son inevitables. Una vez, mi esposo y yo planeamos un banquete para los jóvenes de nuestra iglesia en Uruguay. Para ayudarlos a aprender cómo comportarse socialmente, animamos a los varones a que invitaran a una joven para la comida. Entonces vinieron a vernos los adultos para pedirnos que canceláramos la comida.

No fue porque pensaran que fuera incorrecto invitar a muchachas, sino por temor a que algunas de las jóvenes se sintieran tristes si no las invitaban sus amigos preferidos. Con tal de no herir los sentimientos de las jóvenes, los adultos hubieran cancelado el banquete. ¡Qué oportunidad desperdiciada!

Las estadísticas de Uruguay indican que hay ocho muchachas por cada muchacho. Muchas jóvenes cristianas pasarán la vida solas porque no hay suficientes varones para todas. ¿Por qué no enseñarles entonces a enfrentarse con sus anhelos, de una manera realista, mientras son jóvenes?

Los desengaños no se limitan a la esfera del amor. Me enteré, no hace mucho, de un jugador de fútbol que se suicidó antes que regresar derrotado a casa. ¿Cuáles son las desilusiones con las que debes enfrentarte y poner bajo control?

Dios da, a cada una, una personalidad única. Yo lloro más que otras personas; tú te ríes con facilidad. Algunas hacen muy poco o nada de esto. Estas diferencias hacen la vida más interesante y variada. Sin embargo, cuando no ejercemos control sobre nuestro temperamento, traemos desdicha a nuestra vida y a la de quienes nos rodean.

Con solo tres años, una de nuestras nietas se lastimó al hacer algo que sabía que no debía. *No quiso* llorar, aunque sabía que, junto con el dolor, tendría que recibir un castigo por desobediente.

En otra oportunidad, después de recibir un buen castigo también por desobedecer, corrió a su cuarto llorando a gritos. Al llegar a la puerta, dejó de llorar, se dio vuelta y regresó riendo. ¡Esto es control emocional! Había aprendido que regresar a jugar y a divertirse era mucho mejor que quedarse a llorar en su cuarto, a solas.

John Wooden advierte a sus jugadores que no podrán funcionar física y emocionalmente a no ser que controlen sus emociones. «Creo que junto a cada cima hay un valle, de igual manera que hay un regocijo junto a cada frustración. Lo importante es que reconozcamos las cosas buenas y no sintamos tanta autocompasión ante las desdichas» (John Wooden, *They Call Me Coach*, p. 89).

Por fortuna, de la misma manera en que los pensamientos pecaminosos por fin se manifiestan en las acciones y el carácter, también el deseo de santidad se evidenciará en el cristiano. Estemos seguras que enfrentaremos batallas internas, el deseo de ser santas contra el deseo de complacernos a nosotras mismas. Pero no estamos solas en la contienda; podemos pelear todas estas batallas, sobre todo en el poder del Espíritu Santo.

A medida que vamos aprendiendo acerca del control propio, podemos tener tanto éxito como la mujer de Proverbios 31. Sus múltiples actividades produjeron frutos, no frustraciones. En nuestra vida se puede producir lo mismo.

PARA UN FUNDAMENTO MÁS FIRME DEL CONTROL PROPIO

1. ¿Cuándo debería aprenderse y enseñarse el control propio? ¿Por qué?
   Efesios 6:1-3

2. ¿Cuál es una de las cosas más difíciles de controlar?
   Santiago 3:2-6

3. ¿Me va a castigar Dios por mi falta de control propio?
   Santiago 1:26
   Hebreos 12:6-13

4. ¿No tengo el derecho de decir lo que quiero cuando se me antoje?
   Proverbios 29:11, 20
   Mateo 12:36-37
   Tito 3:1-2

5. ¿Qué dice el libro de Proverbios acerca de enseñar y preparar a los niños?
   Proverbios 22:6, 15
   Proverbios 23:13-14
   Proverbios 29:15, 17

capítulo 7

Aplicación asidua

Fijar una meta realista. Concentrarse en los logros y resistir todas las tentaciones con perseverancia y determinación.

«Si quieres progresar, tienes que establecer una meta y un propósito definidos. Si no te aplicas a lo que haces, no vas a poder resistir a la tentación de hacer alguna otra cosa que resulte más divertida en un momento dado» (John Wooden, They Call Me Coach, p. 86).

Stacey decidió correr el maratón. ¡Cómo se entrenaba! Corría todos los días con mucha energía, en la lluvia y bajo el sol. Nada de postres de chocolate. En su cumpleaños, todos comieron de la torta y los helados, y se sentaron a ver un video. Ella corrió siete kilómetros y comió tajaditas de zanahoria. Para ella no había nada más que entrenarse. Todo lo demás parecía que ya no era importante. Se había fijado una meta: ¡correr la carrera hasta el final! Ninguna otra cosa valía la pena; solo acabar la carrera.

¿Sientes en tu propia vida ahora esa resolución que todo lo consume? John Wooden dice que si no te aplicas a lo que haces, no vas a lograr mucho.

Y ¿qué se puede decir de la mujer de carácter noble en

Proverbios, como se la llama a veces? ¿Qué papel juega en su vida ese empeño decidido, que nosotros llamamos aplicación?

Observemos su concentración en la parte comercial. Decidió invertir en una viña, así que compró una finca, y la sembró. El versículo 16 dice que, antes de efectuar la compra, la consideró. Negoció, confeccionó ropa y la vendió. Se esforzó en el trabajo, se aplicó en tener éxito.

¿Recuerdan que tenía tanta determinación por hacer y terminar su trabajo que se levantaba muy temprano para comenzar? Y no paraba ni siquiera cuando el sol se ponía. Su lámpara seguía encendida.

Esta es la razón por la cual no se preocupó cuando el servicio meteorológico anunció que nevaría. Todos en su familia tenían ropa de abrigo. Ella ya la había preparado para el invierno.

Yo no sabía, cuando me fui para la universidad, al citar Filipenses 3:13-14: «...olvidando ciertamente lo que queda atrás...», cuánto estaba dejando atrás. Dejé todo lo que había conocido hasta entonces: familia, amigos y hogar.

Cuando respondí a la invitación de servir como misionera de tiempo completo, dejé aún más: los hijos, los nietos y hasta el idioma.

Pero mi propósito como recién convertida era permanecer en *Su* voluntad, no hacer la mía, para *Su* gloria, no para la mía. Y cuando llegó la hora de partir, yo podía hacerlo. Mi intención en esos días, así como para los años dorados, es la misma. Y estoy plenamente convencida de que Dios será tan fiel ahora como antes, para proveerme lo que necesito.

Amiga cristiana, ¿qué cosas estás empeñada en hacer en la vida que llevas? ¿Qué es lo que más te importa ahora mismo? Si se te ofreciera concederte el mayor deseo de tu corazón, como le fue ofrecido al rey Salomón, ¿qué elegirías?

Si acaso reconoces que no estás haciendo nada de mucho valor, entonces necesitas comenzar a definir tus prioridades. ¿Quién o qué tiene más importancia para ti? ¿Qué quieres hacer por otra persona o por ti misma?

¿Deberías estar preparando a tus hijos? ¿Tienes metas para que tu matrimonio sea más sólido? ¿Qué quiere Dios que hagas ahora mismo?

Fija las metas; no tienes que esperar al primero de enero para formular tus propósitos. ¡Hazlo ahora! Decide cuáles son las cosas que deberías hacer y encamina todas tus energías en lograrlas. Te llegará la tentación de abandonar o de cambiar las metas. A veces fracasarás. Las distracciones te asediarán. Haz caso omiso de todo y sigue trabajando. ¡Vas a alcanzar la meta!

Emily Judson, esposa de Adoniram Judson, clamó: «La persona que va a hacer bien las cosas grandes debe practicar a diario con las cosas pequeñas; y la que quiere tener la ayuda del Todopoderoso en hechos importantes, deberá acostumbrarse a consultar cada día y cada hora su voluntad, en las cosas de menor importancia de la vida» (Courtney Anderson, *The Golden Shore*, p. 473). Haz la prueba de lo que dice Emily. Comienza hoy a ser diligente en alguna cosa pequeña, que haga la diferencia en tu vida y en la vida de los tuyos.

Muchas personas no se fijan metas. Piensan que pueden alcanzar lo suficiente sin necesidad de fijarse metas. O tienen miedo de fallar en alcanzar la meta, o tienen miedo de que se les pida hacer sacrificios que no están dispuestos a enfrentar.

Las encuestas dicen que el 95 por ciento de las mujeres nunca hemos escrito ninguna meta para nosotras mismas. Sin embargo, del cinco por ciento que sí las escriben, ¡el 95 por ciento alcanzan las metas planeadas!

¿No te indica esto el valor que tiene considerar las prioridades, planear las metas, y ponerlas POR ESCRITO?

John Wooden dice básicamente lo mismo: «Sin organización y liderazgo hacia una meta realista, no hay ninguna probabilidad de lograr más que un pequeño porcentaje de todo tu potencial. Cada esfuerzo debería hacerse en la manera apropiada y manteniéndolo todo en la perspectiva apropiada» (John Wooden, *They Call Me Coach*, p. 86). En otras palabras, ¡organizar, planear y... ponerse a trabajar!

Luego, niégate a abandonar. John Wooden tiene algo para decirnos también sobre esto. Afirma que es este tipo de aplicación la que te da la habilidad de resistir las tentaciones y mantenerte en el camino.

¿Qué sueños e ilusiones tienes para tu vida? ¿Estás desanimada por la falta de logros? ¡No te rindas ahora! Si algo salió mal, aun hoy mismo, no te desesperes. Decide comenzar de nuevo mañana. Vas a ganar, si no desmayas.

PARA UN FUNDAMENTO MÁS FIRME DE LA APLICACIÓN

1. En cuanto a mi deseo de hacer el bien, ¿cuán aplicada debo ser?
   1 Corintios 14:40
   1 Corintios 15:58
   Filipenses 3:13-14

2. ¿Cómo puedo determinar si mis intenciones e impulsos son piadosos o transitorios?
   Filipenses 4:4-12

3. ¿Por qué preciso una decisión piadosa?
   Lucas 12:20-21
   Colosenses 3:2-4
   Hebreos 12:14

4. ¿Cuáles son algunas de las mujeres en el Nuevo Testamento que fueron aplicadas en agradar y alabar al Señor?
   Lucas 1:42-56
   Lucas 2:36-37
   Lucas 10:41-42
   Lucas 18:2-7
   Juan 20:1-18
   2 Timoteo 1:5

capítulo 8

Estar alerta

Ser un constante observador. Mantener la mente abierta. Anhelar aprender y ser mejor. Hay que estar constantemente vivo y alerta a la búsqueda de formas de superarse.

¿Has observado alguna vez un venado en el bosque, en cuanto sintió tu presencia y antes de salir huyendo? Sus patas no están separadas y firmes en el suelo. Tiene una pata delante de la otra y está listo para salir corriendo, las orejas levantadas, el cuello extendido. Cada uno de sus músculos está en máxima tensión. Este venado es la personificación del estado de alerta.

Estar alerta tiene una manifestación física, como vemos en el venado, pero en realidad tiene que ver con la mente. Cuando estamos alerta, estamos conscientes, atentos, vigilantes, diligentes. Sabemos lo que está pasando.

La mujer de Proverbios comenzaba el día temprano, «se levanta aun de noche» (Proverbios 31:15a). ¿No es planear, la mitad de la batalla, en el manejo del hogar? Ningún buen ejecutivo querría que sus obreros llegaran antes de haber decidido lo que se debe hacer.

¿No resulta casi inimaginable comprobar todo lo que lograba nuestra heroína de Proverbios? Cosía y vendía, consideraba y compraba, agasajaba y hacía posible el bienestar y felicidad de su esposo. ¿Podríamos tú y yo hacer todas las cosas que ella hacía?

¡Es probable que sí! Si fuéramos tan avispadas como lo fue ella. El vigor que hace que nos levantemos antes del amanecer a fin de organizar el día es lo que hace que las cosas sucedan. (¿No tienes tú ese vigor tempranero? Entonces, ¡fíngelo! Estar alerta es como muchas otras cosas en la vida. *Actúa* como si lo tuvieras, y vas a descubrir que lo tienes).

Por supuesto que, en general, no deberías tener que fingir que estás alerta. He aquí algunas ideas prácticas que te ayudarán a lograrlo y mantenerlo.

Duerme lo suficiente. ¿Demasiado obvio? ¡No! Muchas madres jóvenes (y mujeres no tan jóvenes) son lentas solo porque están físicamente exhaustas. No es un pecado hacer la siesta mientras la hace el bebé, o dejar una tarea sin terminar cuando es tiempo de irse a la cama, si tu cuerpo necesita dormir. En realidad, es pecado abusar del cuerpo, y privarse de dormir es un abuso.

Por otra parte, ¿has notado que dormir demasiado es tan peligroso como dormir poquito? Si duermes toda la mañana, te despiertas aturdida. Si duermes más de lo que requieres, llegas a necesitar dormir más. Proverbios 6:9 pregunta: «Perezoso, ¿hasta cuándo has de dormir? ¿Cuándo te levantarás de tu sueño?». Si tienes el hábito de dormir demasiado, despiértate. ¡Haz algo!

Y no solo estés despierta. Sé perceptiva. «Ve que van bien sus negocios» (Proverbios 31:18a). Percibe que su mercadería es buena. ¿Cómo podía saber que su mercadería era de buena calidad? Usaba sus sentidos. La examinaba con sus ojos y dedos. De ser necesario, probaba el producto y, de ser posible, lo escuchaba. Tenía la capacidad de probar los productos y de tomar decisiones.

Las Escrituras nos dan a entender que en nuestra vida espiritual deberíamos ejercitar todos los sentidos. «*Prueben* y vean que el Señor es bueno» (Salmo 34:8a, NBLA). «*Puestos los ojos* en Jesús, el autor y consumador de la fe» (Hebreos 12:2). «*Olor* fragante, sacrificio acepto, agradable a Dios» (Filipenses 4:18). El Buen Pastor conoce sus ovejas y «las ovejas *oyen* su voz; y a sus ovejas llama por nombre» (Juan 10:3). «Y tenemos confianza respeto a vosotros en el Señor, en que hacéis y haréis lo que os hemos mandado» (2 Tesalonicenses 3:4).

Cada día, la Palabra juzga las circunstancias. El Dr. Bob Jones, padre, nos dijo: «No juzguen lo que ven, sino juzguen lo que ven por lo que la Palabra de Dios dice acerca de lo que ven».

¿Desean elegir en forma correcta? Sumérjanse en las Escrituras. ¿Con qué clase de muchacho debería salir? Y, más importante aún, ¿qué cualidades deseo ver en aquel que vaya a ser mi esposo? ¿Cómo se deben portar los hijos? ¿Cómo aplicarles una disciplina piadosa? ¿Cómo debo cuidar de mi propia mente y de mi cuerpo?

Las familias que tienen cada día devocionales llenos de significado en torno a la Palabra de Dios, llegan a obtener respuestas para estas preguntas. Capacitamos, aprendemos y percibimos desde el punto de vista de Dios. Aprende cómo discernir entre lo bueno y lo malo. Vivimos en un mundo pecaminoso, pero no debería contaminarnos ni influirnos su filosofía impura.

Vivir es emocionante cuando nos despertamos cada mañana con planes útiles para poder lograr algo. Hay que tener funcionando proyectos interesantes. Cambiar el orden de los muebles no cuesta nada; le da más atractivo a la casa y ha salvado a muchas amas de casa que estaban aburridas a no poder más. (Nota: Si alguna de ustedes se dedica a cambiar los muebles de lugar dos o tres veces a la semana, es posible que necesite más ayuda que la que les puede brindar este sencillo estudio).

A menos de que estés dotada de una memoria extraordinaria, comienza por hacerte listas: de comestibles, cartas, compromisos, quehaceres diarios, llamadas por teléfono, peticiones de oración. Conserva estas listas de "ahorro de tiempo", en un lugar donde las puedas ver.

Si acabas el día sin haber concluido las tareas, cómprate un buen libro sobre administración del tiempo, y haz lo que se te sugiera. El sistema que uses no es tan importante; lo importante es ser consciente de las necesidades y tener un sistema para lograr cumplirlas.

Mantén la mente alerta. No pongas el cambio en punto muerto. Que de ninguna manera te resulte aburrido considerar las mejores formas de llevar a cabo aun las tareas mundanas como lavar los pisos o lavar la ropa. ¿Porqué comenzar a barrer allí donde estás? ¿No sería más fácil trabajar en el otro lado?

Estoy segura que has escuchado la historia de aquella joven que siempre rebanaba un pedazo de carne antes de ponerla a asar. Una amiga le preguntó por qué lo hacía. «Bueno, esta es la forma como lo hacía mamá —respondió—. Mamá lo aprendió de la abuela, quien dijo que ella lo hacía porque nunca tuvo una parrilla lo bastante grande como para que cupiera todo el pedazo de carne entero». ¿Por qué haces lo que haces?

¿Cómo puedes organizar mejor la cocina? ¿Qué va a remediar ese desorden y embrollo de los estantes? Si guardas los platos en el armario, lejos de la mesa del desayuno, ¿por qué no te tomas un minuto para ver si hay una manera de colocarlos más a mano? Una hora o dos dedicadas a reorganizarte pueden cambiar la actitud de toda la familia respecto a las labores de la cocina.

Donde vivimos ahora no tengo un cuarto para lavandería, y mi vida se complica debido a las pilas de ropa sucia. He aprendido que lavar uno o dos montones de ropa cada día es más fácil que esperar mi habitual día de lavado. (Y, entre paréntesis, ¿eres consciente y te das suficiente cuenta de que lavar incluye doblar la ropa y guardarla?).

¿Han leído acerca de los años que se calcula pasamos haciendo varias cosas durante una vida de duración promedio? Veinte años durmiendo, cinco años vistiéndonos, seis años comiendo, siete años esperando en la fila y hablando por teléfono (agreguen más años para algunas personas), seis años viendo televisión, cuatro años tendiendo las camas, quitando el polvo y lavando platos, y un año buscando pertenencias en medio del enredo en la casa y en la oficina (se multiplican por tres en mi caso), tres años en reuniones, y casi un año abriendo correspondencia inútil.

Algunos de estos años «desperdiciados» se pueden usar bien. Oren por los hijos mientras los están vistiendo. Oren por un amigo, o un misionero concreto, mientras quitan el polvo y tienden las camas. Memoricen las Escrituras mientras hacen una cola o se detienen en la luz roja del semáforo.

Estar alerta es importante también en otras áreas. ¿Te das cuenta de las personas que están pasando por alguna necesidad? ¿Has pensado en hacer algo por esa amiga enferma que precisaría que alguien le diera una mano con los niños más pequeños?

Pensar y satisfacer las necesidades son cosas que van juntas. Practiquen estar alertas respecto a las necesidades de las demás.

¿Eres consciente de cómo marchan las cosas en tu familia? ¿Notas cuándo tu esposo está preocupado? Un problema grande con un hijo, ¿te toma desprevenida? ¿Has notado un cambio en la actitud o conducta?

Hubo un tiempo en que nuestra hija estuvo muy quieta y aislada. Notamos el cambio en ella tan pronto cuando una joven vino a vivir con nosotros, compartiendo el dormitorio de Cindy. Descubrimos que Cindy ya no se sentía como una hija especial sino solo como una compañera de cuarto. Le dedicamos más tiempo y se resolvió el problema. Era una pequeña dificultad y se sanó en una forma sencilla, pero significó mucho en cuanto a la actitud de nuestra hija.

¿Has experimentado por lo menos una vez frialdad de parte de una persona amiga, que suele ser cálida? ¿O estabas tan desatenta que no lo advertiste hasta que esa frialdad llegó a ser dura como una roca? Darnos cuenta de un cambio en el comportamiento nos permite responder y corregir más rápido el asunto y que se limite a ser un pequeño montículo en vez de una montaña.

Mi esposo y yo notamos que estábamos predispuestos a discutir en la semana que precedía a sus extensos viajes. Descubrimos la causa. En nuestro subconsciente estábamos alterados, por temor a la separación que se avecinaba. Ahora que estamos alerta al problema, procuramos no desperdiciar en riñas esos días antes de sus salidas.

Permite que la Palabra y el Espíritu Santo actúen en tu vida. Pide percepción y un despertar. Mantente alerta frente a los engaños de Satanás, quien trata de desviarnos para que no seamos cristianos que irradian. Es tan importante estar alertas respecto a las responsabilidades espirituales con el estudio de la Palabra de Dios, como lo es estarlo en lo que concierne a los planes del día.

Procura que la mujer virtuosa sea tu ejemplo. Levántate temprano, alerta y preparada para el día tan ocupado que tienes por delante. Mantente alerta y perceptiva, prudente en la administración de tu vida y tu itinerario hacia convertirte en una mujer exitosa, ¡resultará más fácil e interesante!

PARA UN FUNDAMENTO MÁS FIRME DEL ESTAR ALERTA

1. ¿Cómo puedo saber si soy una persona alerta o perezosa?
   Proverbios 20:11-13

2. ¿Se me manda en las Escrituras ser persona alerta?
   Romanos 13:11-13
   Efesios 5:14-17

3. ¿Cuál es el motivo para estar alerta?
   Proverbios 12:24, 27
   Marcos 13:32-37
   Marcos 14:38

4. ¿De qué cosas en particular debo ser consciente y estar alerta?
   2 Corintios 2:11
   Efesios 6:11

5. ¿De qué maneras prácticas puedo llegar a estar alerta a las necesidades de mi familia, de los amigos y de las situaciones de cada día?

capítulo 9

Iniciativa

Cultivar la habilidad de pensar y tomar decisiones solo. No tener temor de fracasar, más bien aprender de ello.

¿Cuán intrépida te sientes hoy? «Bueno —dices—, si es algo tan emocionante como lavar la ropa, supongo que entonces estoy pronta para la aventura». O quizás estés como con el agua al cuello de tanta ocupación: el empleo, las tareas de la casa, la familia. Tu preocupación, entonces, es cómo sobrevivir y no la aventura. ¡Ánimo! ¡La ayuda viene en camino!

Hasta ahora, los requerimientos para el éxito de John Wooden parecen bastante buenos. Ya han visto como funcionan la cooperación, la lealtad, el entusiasmo y el control propio.

Ahora necesitas poner manos a la obra y comenzar el trabajo. No puedes esperar que una inspiración mágica te haga empezar a hacer algo. Ahora mismo, hoy, en el lugar donde vives, necesitas iniciativa, actividad; como dice el diccionario: «la disposición de ocuparse en una acción temeraria». Esto hará que en tu vida se vayan sucediendo las cosas.

Dice John Wooden en su capítulo sobre la iniciativa: «Fracasar no es fatal, pero fracasar en el cambio tal vez lo sea. Una persona tal vez cometa errores, pero no es un fracaso hasta que comienza a culpar a alguien más» (John Wooden, *They Call Me*

Coach, pp. 122-23) ¿Por qué enfatiza el fracaso y los errores? Se lo voy a decir. Se dio cuenta de que los jugadores de baloncesto, al igual que nosotras, ocultan sus iniciativas porque temen fallar.

¿Qué pasará si yo trato de hacer esto y no funciona? ¿Qué ocurrirá si, al final, quedo como una tonta? ¿Qué dirán si la gente no lo entiende? ¿Cómo quedaré si se ríen de mí? Y agrega tus propios «qués» y «cómos» a esta lista, y luego olvídalos.

Todas las cosas conllevan un elemento de riesgo. Por supuesto que tal vez falles; de lo contrario, serías un éxito espectacular. Si no lo intentas, no podrás tener éxito.

Dios espera que los cristianos sean agresivos. Mira a tu alrededor, ve qué cosas hay para hacer y ponte a trabajar. «Porque no nos ha dado Dios espíritu de cobardía, sino de poder, de amor y de dominio propio» (2 Timoteo 1:7).

Esta maravillosa mujer cuya vida estamos examinando con microscopio, ¿mostró acaso iniciativa? De no haber sido así, no hubiéramos encontrado nada sobre ella en las Escrituras. Una mujer buena puede ser fiel, ser leal, mantener la casa limpia y cocinar comidas saludables. Incluso puede desear grandes cosas para su familia. Sin embargo, si no hubiera poseído esa característica excepcional, el empuje para comenzar a trabajar, la iniciativa, nunca hubiera sido la mujer ideal que ocupó un lugar en la Palabra de Dios.

Proverbios 31:24a dice: «Hace telas, y vende». Era comerciante, una exitosa mujer de negocios. Ofrecía productos de excelente calidad. Su lino, una de las telas más resistentes, era fino y de alta calidad. El hecho de vender nos habla de una acción continua, no un negocio de una sola vez. Sus clientes, sin duda, conocían su honestidad y honradez; por esto trataban con afán de obtener más telas de tan buena calidad.

También mostró iniciativa en otros asuntos. Buscó un campo que estuviera a la venta y lo compró (versículo 16). Trató de que plantaran una viña. Miremos todo lo que hizo esta mujer a quien Dios alaba y veamos si ello no nos explica por lo menos uno de los conceptos erróneos que a menudo tenemos las mujeres cristianas.

A veces nosotras fallamos en llevar a cabo cosas que deberían hacerse, por la idea equivocada de que mostrar iniciativa es antibíblico. Algunas mujeres dejan toda la responsabilidad financiera de la administración de la casa a sus esposos, la cabeza del hogar, presuponiendo que quien tiene la billetera está a cargo de todo.

Las Escrituras no nos dan semejante instrucción. Una esposa que sabe manejar dinero debe ayudar con la administración financiera. Muchos esposos delegan con gusto esta tarea a sus esposas. (Una buena esposa va a consultar a su esposo acerca de cómo gastar o invertir, pero el análisis de este punto no forma parte de un capítulo sobre la iniciativa). La buena esposa cumple con alegría los deseos de su esposo en cuanto a mantener un equilibrio en los gastos y pagar a tiempo las cuentas. Esto no le usurpa la autoridad que él tenga.

Nehemías desplegó una iniciativa poco común. Jerusalén había sido destruida como testimonio ante el mundo de que Dios castiga el pecado y la desobediencia incluso entre sus escogidos. Nehemías quería reedificar los muros y las puertas para mostrar que el arrepentimiento era verdadero, y que la gente estaba bien con su Dios. Organizó la tarea y la emprendió. De manera creativa usó fragmentos de los muros viejos para edificar el nuevo. Les mostró a los demás cómo edificar con una mano mientras que en la otra tenían la espada para protegerse. No se desanimó porque lo ridiculizaran, se burlaran o lo atacaran. Se terminó el muro y todos lo celebraron.

Tal vez lo que buscas no es edificar un muro que se necesita. Como tampoco es probable que pienses en fabricar telas. ¿Qué deberías estar haciendo? ¿Qué es lo que en tu vida no puede terminarse en forma exitosa, porque ni siquiera lo has comenzado? ¿Que harías si no tuvieras tanto temor de fracasar?

Toma la iniciativa en lo que se refiere a establecer la atmósfera de tu hogar. En nuestros viajes nos hemos quedado horrorizados de la gran cantidad de adolescentes que profesan ser cristianos, y escogen grupos de música mundanos y estrellas de cine o televisión como su modelo. ¡Las paredes de sus habitaciones, en hogares cristianos, están recubiertas de carteles y fotografías provocativos! Procuren que, por lo menos en su casa, sus hijos tengan experiencias sanas, buenos libros para leer y música de buena calidad para escuchar.

Nosotras, las madres cristianas, debemos procurar presentar, a nuestros hijos, líderes piadosos a quienes ellos puedan imitar. No podemos dejar que las cosas se produzcan solas, sino que debemos iniciar actividades que los puedan influenciar de manera positiva. Para comenzar, consigan una buena biografía misionera para que la lean. Por lo general, no la van a poder dejar hasta que la hayan leído de cabo a rabo.

Tomen la iniciativa en proclamar el evangelio. ¿Habías pensado en hablar a alguien del Señor, pero te faltó coraje para tocar el tema? ¿Tenías decidido hacer una obra buena y lo diferiste porque te faltó la iniciativa para dar el primer paso? Nos abruma un sentimiento de vergüenza; debemos confesar a Dios este pecado de omisión.

Si hablamos a alguien de Cristo cuando el Espíritu Santo nos indica que lo hagamos, sentimos paz, aunque la respuesta haya sido de desprecio o rechazo. Una de nuestras misioneras nacionales le dijo a un grupo que ganar las almas le produce más gozo que cualquier otra cosa en su vida. ¿Podría ser que muchos cristianos tienen poco gozo debido a que no están compartiendo el evangelio con otros?

Si encuentras que es difícil testificar, entonces, toma la iniciativa. Ten una base firme para tus creencias. Estudia y memoriza la Palabra de Dios para tener confianza. Luego ora para pedir sabiduría, fortaleza y poder a fin de alcanzar a alguien con el evangelio. Pronto descubrirás que es mucho mejor ponerse a la ofensiva que a la defensiva.

La iniciativa nos impide enterrar las habilidades que Dios nos ha dado. Nos mantiene con paso firme hacia adelante y en el trabajo hasta concluir la tarea. Conviértete en una persona que toma iniciativas. No esperes que alguien más te lo sugiera. Decide poner en tu propia vida algo de aventura. ¡Comienza ALGO hoy!

PARA UN FUNDAMENTO MÁS FIRME DEL TOMAR INICIATIVAS

1. Ponerse del lado de la ofensiva y no de la defensiva, no es fácil. Pero, si lo hago, ¿cuál es la promesa que puedo reclamar?
   Mateo 28:18-20

2. Yo soy alguien que va detrás de… Aún así, ¿necesito iniciativa?
   Filipenses 4:9
   Hebreos 6:11-12

3. ¿Cuáles son algunos de los factores que intervienen al mostrar iniciativa piadosa?
   Josué 24:15b
   1 Timoteo 4:9-16
   1 Pedro 3:14-17

capítulo 10

Habilidad

Conocimiento de las cosas esenciales y destreza para hacerlas de una manera apropiada y rápida. Estar preparado y cubrir cada pequeño detalle.

Lean las palabras de John Wooden acerca de la habilidad. Mientras las leen, imaginen a su equipo de baloncesto, ganador del trofeo. Miren la velocidad, los pases, las jugadas cerca de la canasta, y ¡magnífico! ¡Oigan el rugir de la multitud!

La habilidad es el núcleo mismo de la Pirámide del Éxito. Determinación, ambición, entusiasmo, conocimiento; todas estas cosas son elementos de éxito en el equipo de baloncesto. Pero no importa cuán decidido sea el equipo o cuánto sepan jugar los integrantes; si no poseen la destreza necesaria, no van a ganar.

Ahora, lean de nuevo las palabras de Wooden. Pónganse en la escena. Claro que no en la cancha de baloncesto, sino allí donde viven, en su casa, con su familia, en el empleo, en la escuela.

¿Qué lugar ocupa la habilidad en su vida? ¿Cómo se están arreglando hoy? ¿Trabajan con rapidez, cabalmente, en debida forma, con buen ánimo? ¿O admiten que hay un problema? ¿Eres una persona desorganizada, descontrolada, inexperta? La habilidad es absolutamente necesaria y se puede adquirir.

Nuestro ideal en Proverbios era una mujer habilidosa: «Aplica su mano al huso, y sus manos a la rueca» (Proverbios 31:19). He observado a mujeres que hilan. Algunas cosas se pueden aprender observando a otros, pero no este arte.

El huso es una fina varilla cónica, redondeada, que sostiene un carrete en el cual se ovilla la hebra. Sirve de eje para las otras partes del torno al hilar. Un pedal activa tanto la rueda como el eje, mientras las manos se ocupan de los pequeños pedazos de fibra, que van formando hebras y cordones de hilo. Entonces, esos cordones avanzan dentro de una rueda grande que sostiene la hebra continua e ininterrumpida.

Hilar no es sencillo. Las muchas horas que ha pasado la persona practicando son lo que lo hace parecer fácil.

Por supuesto, nuestra talentosa mujer no solo prepara la fibra e hila, sino que además fabrica telas y hace vestidos.

Posee otras habilidades. Sabe de bienes raíces y compró un campo. No solo alimenta y viste a su familia, sino que trae la comida de lejos (versículo 14) y los viste de ropas dobles (versículo 21). Sabía vender (versículo 24). Y sabía cuándo hablar y cuándo callarse (versículo 26)

¿Piensas que todas estas habilidades le sobrevinieron de una forma natural? ¿Que todo le fue fácil? Lo dudo.

Creo que se esforzó para tener éxito. Todo lo que hacía requería conocimientos de lo que era esencial. Luego, pasó años practicando y aplicando lo que había aprendido.

¿Te falta el conocimiento necesario para llegar a ser una mujer cristiana exitosa? ¿O la mayoría de tus problemas surgen porque no practicas lo que sabes?

Comienza ahora mismo a examinar tu vida. ¿Por qué estás entorpecida, por falta de conocimiento o por falta de aplicarte a hacer algo?

¿Tienes falta de habilidad para ser ama de casa? Si sabes hacer algo, pero te falta práctica, comienza a practicar. Elige hoy una cosa que sabes que deberías estar haciendo pero que *no* haces, y hazlo.

Digamos que las mañanas son desastrosas en tu casa. ¿Qué cambios deberían hacerse? Dices, como lo he dicho yo, infinidad de veces: «Uno de estos días voy a organizarme». ¡Hazlo hoy!

1. Examina *por qué* las mañanas son desastrosas. Nadie parece estar listo a tiempo. Siempre hay alguien que se olvida de algo. Es fácil irritarse y, cuando pasa la tormenta, las tazas del desayuno aún están en la mesa.
2. Haz una lista de las posibles soluciones. Poner el despertador 15 minutos más temprano. Despertar a los niños 15 minutos antes. Tal vez programar que todos se duchen por la noche. Escoger la ropa que van a usar la mañana siguiente. Antes de irte a la cama, fíjate si los libros, el dinero, etc. (todo lo que se precisa para el día siguiente) está en un lugar previamente escogido (cerca de la puerta). Puedes dejar preparada la mesa para el desayuno. Simplifica el desayuno. Puedes servir cereal, jugo, una tostada. Establece como norma que cada uno que se levante de la mesa, lleve sus propios platos o taza, a la pileta.
3. Repasa la lista. Escribe las cosas que se deben hacer.
4. Pon en práctica esa lista. Si dos o tres cosas te fallan el primer día, no las taches. Practícalas. Y continúa practicando hasta que esas tareas comunes de las mañanas discurran como sobre ruedas.

Ahora ya estás preparada para agregar otra habilidad. Escoge una segunda área problemática. Procura llegar a ser hábil también en ella.

Si no sabes qué hacer, aprende. Cómprate un libro. Las revistas para mujeres están llenas de información acerca de cómo decorar, limpiar, cocinar y también sobre temas para padres. Comienza una lista con sugerencias para decoración y limpieza.

Consigue información con tus amigas. Menciona un problema en cualquier reunión informal y vas a recibir todos los consejos como puedas necesitar.

También puedes decir a una de tus amistades, cuya habilidad admiras, que necesitas ayuda. Pregúntale cómo hacer las tareas. Y descubre cómo se las arregla para que su casa luzca tan linda, o cómo prepara sus comidas diarias. Pregúntale por qué parece que sus niños nunca pelean.

Acércate a una cristiana de más edad que conozcas. Las Escrituras dicen que uno de los deberes de las mujeres mayores es enseñar a las más jóvenes. Dale a una de ellas la oportunidad de cumplir con su responsabilidad.

Ten amigas de diferentes edades. Busca a propósito la compañía de las mujeres que están más adelantadas que tú en el proceso de ser buenas amas de casa y en el cuidado de los niños. Observa lo que ellas hacen con tanto éxito y escucha lo que dicen. Practícalo luego en tu propia casa.

Nunca deberíamos estar satisfechas con nuestro nivel de conocimiento que poseemos, sino mantener el deseo de desarrollar las habilidades que Dios nos ha dado. «Oirá el sabio, y aumentará el saber, y el entendido adquirirá consejo… Da al sabio, y será mas sabio; enseña al justo, y aumentará su saber» (Proverbios 1:5 y 9:9). Nosotros los cristianos debemos crecer «en la gracia y el conocimiento de nuestro Señor» (2 Pedro 3:18). Y debemos poner en práctica este conocimiento «y al que sabe hacer lo bueno, y no lo hace, le es pecado» (Santiago 4:17).

Las situaciones nuevas requieren habilidades nuevas. Ahora que yo soy abuela, debo aprender hábitos que no necesitaba antes.

Como abuela, tengo tiempo para leer o disfrutar una taza de té con niños pequeños. Me han adoptado muchos niños que visitamos por todo el país, ya que no tienen cerca a sus abuelos. Los abuelos pueden tener un ministerio muy útil, ya que pueden dar algún tiempo de descanso a las madres jóvenes. Nosotros también podemos ser maestros útiles y ejemplo para las nuevas generaciones.

Por mi parte, he tenido que aprender algunas nuevas habilidades y he revitalizado las que ya se habían oxidado.

Una abuela que conozco juega con sus nietos por lo menos una vez cada vez que se reúnen. Se divierten bastante y los niños están aprendiendo honestidad, ética deportiva, imparcialidad, capacidad de competir, y aceptar la situación con serenidad tanto cuando pierden como cuando ganan.

Las habilidades de las que hemos estado hablando discurren todas por el reino del mundo físico. En él vivimos. Pero nosotras, las mujeres cristianas, debemos también preocuparnos por nuestras habilidades espirituales.

¿Habilidades espirituales? ¿Qué clase de habilidades espirituales necesitamos? Para mencionar una, necesitamos saber cómo estudiar la Palabra de Dios. ¿Sabían que hay diferencia entre leer a diario un pasaje de las Escrituras y *estudiarlo*? Cualquiera puede hojear al azar unos pocos versículos.

Sin embargo, la estudiante habilidosa encuentra algo en ellos que aplica a su propia vida. Aprende principios que pueden llegar a cambiarle la vida. Incluso la obediencia a Dios es una habilidad. El conocimiento de la voluntad de Dios se complementa con la práctica de *hacer* su voluntad. Un acto de obediencia conduce a otro. El cristiano experto en obediencia se libra de muchas contiendas y aflicciones; solo hace lo que Dios le manda y no se preocupa de las consecuencias. ¡Pero esa obediencia requiere práctica!

Testificar del Señor, ¿es una habilidad? Algunos cristianos piensan que decirle a otros lo que Dios ha hecho por ellos es un talento: «Oh, no puedo hablar con otros acerca de Dios. No tengo esa habilidad. Mi vida es mi testimonio».

Mucha gente que conduce a otros al Señor les dirán que testificar es una habilidad, única y valiosa, solo cuando la dirige el Espíritu Santo, y que se aprende con la práctica. Les van a decir que memorizar muchos versículos de la Biblia, conocer de modo personal el poder de Dios y la experiencia en hablar a otros, son la base de su habilidad para alcanzar las almas.

¿Dónde te encuentras en tu vida cristiana? ¿Eres una adolescente, una madre joven, de edad mediana, o una mujer mayor? Nunca se es demasiado viejo ni demasiado joven para desarrollar nuevas habilidades o pulir las que ya posees. Sí, con esfuerzo *puedes conseguir* dar un giro a las actividades de un día turbulento para que llegue a ser una hebra continua de contentamiento.

No permitas que la falta de habilidad te ponga trabas. Tampoco decidas que *mañana* mismo serás habilidosa en todo. Debes ir paso a paso. ¡Comienza *hoy* a trabajar en algo que te llevará a un nuevo éxito!

PARA UN FUNDAMENTO MÁS FIRME DE LA HABILIDAD

1. Necesito principios fundamentales para poder desarrollar mis habilidades. ¿Cuáles son y dónde los puedo encontrar?
   2 Pedro 1:2-7

2. ¿Deberían mis conocimientos trasmitirse a los demás, en especial a mis hijos?
   Deuteronomio 31:12-13
   Gálatas 6:6

3. Siempre es necesario desarrollar la habilidad y debo hacer un esfuerzo consciente para aprender cómo hacer algo que nunca he hecho antes, en la escuela, como ama de casa, o en mi vida cristiana. Esto es sobre todo necesario cuando damos testimonio de Cristo a otros. ¿Quién me va a ayudar a lograrlo?
   Mateo 28:19-20

4. Hay una buena cantidad de habilidades femeninas que se mencionan en la Biblia. Encuentra algunas.
   Éxodo 28:39
   Jueces 4:4
   1 Samuel 8:13
   Proverbios 31:16
   Hechos 9:39 y 18:2-3

capítulo 11

Condición

Mental, moral, física.
Deben tomarse en cuenta el descanso, el ejercicio y la dieta.
Practica la moderación. El libertinaje debe eliminarse.

«No puedes alcanzar y mantener una buena condición física si no estás moral y mentalmente acondicionado. Y es imposible estar en buena condición moral a menos que estés espiritualmente acondicionado» (John Wooden, They Call Me Coach, p. 89).

¿Estás satisfecha de cómo te ves? ¿O estás un poquito fuera de forma? ¿Te sientes floja? ¿Tienes aspecto de cansada? ¿Son incluso tus pensamientos algo confusos?

Si admites estar insatisfecha, no estás sola. La mayoría de las mujeres están insatisfechas con su aspecto. Muchas pensamos que necesitamos perder algunos kilos y moldear de nuevo nuestro cuerpo. Pero me parece escucharte decir que, como somos mujeres cristianas, ¿no debemos acaso ser diferentes? ¿No deberíamos estar satisfechas con nuestro aspecto? ¿No estamos dando demasiada importancia a lo físico?

Tienen razón, por supuesto, si se refieren a estar preocupadas por el peso y el aspecto externo y permiten que las estrellas de Hollywood se conviertan en el modelo a imitar.

No obstante, incluso las mujeres cristianas, diría, *sobre todo* las mujeres cristianas, deben estar en buenas condiciones a fin de funcionar en forma adecuada.

Miremos a la esposa de Proverbios: «Ciñe de fuerza sus lomos, y esfuerza sus brazos» (Proverbios 31:17). El versículo 25 también dice que está vestida con fuerza. ¿Hacía gimnasia o ejercicios aeróbicos? Claro que no. Se mantenía en su mejor condición gracias al ejercicio físico que realizaba en su trabajo diario. Ayudó a plantar la viña que había adquirido; trabajó torciendo el hilo (versículos 16 y 19). Es evidente que se daba cuenta de la importancia de la fuerza física e hizo lo necesario para mantenerla.

¿Has advertido que es más fácil hacer algo cuando te sientes bien físicamente? (¿O ha pasado tanto tiempo desde que estabas físicamente excelente, que ya ni te acuerdas?). Estás tan pasada de peso y tan lenta que solo pensar en tener que ir hasta el auto para manejar hasta el supermercado, ya te cansa.

¡Ánimo! Puedes obtener ayuda. Puedes ser lo bastante fuerte y estar en buena condición como para hacer todo lo que quieras.

Piensa en la filosofía del entrenador Wooden sobre estar en buena condición física. Dice que no te vas a mantener en una buena condición física a menos que estés mental y moralmente acondicionado y que no podrás estar en buena condición moral si no estás en buena condición espiritual.

Este entrenador no estaba planteando que esta condición espiritual era necesaria para pastores u obreros cristianos; estaba diciendo que esto era necesario para poder rendir como jugador de baloncesto. ¡Y el equipo, bajo su sistema, ganó!

Así que, mujeres cristianas, ¿cómo es vuestra condición espiritual? ¿Son fieles en encontrarse a diario con la Palabra de Dios? ¿Está al día la lista de oración o ha quedado abandonada en las últimas páginas de un viejo libro devocional? Alegas que has estado muy ocupada, que cuando terminas todas las tareas, estás demasiado cansada como para concentrarte. También mencionas que a veces te duermes en el devocional. Y agregas que te sientes muy culpable por esto, pero no ves cómo solucionarlo.

Vamos a resolver ahora mismo este problema. Programa un tiempo para el devocional y el estudio bíblico diarios, y no lo abandones. Escoge un tiempo cuando estés bien despierta y eres capaz de pensar. Tal vez te puedes levantar una media hora antes para poder tener tus ejercicios espirituales. Tal vez no. Si no puedes aislarte antes del amanecer, elige otro momento. Usa el tiempo que tenías programado para la limpieza de la casa. Prepara la comida. Manda a los niños a su habitación para que hagan la siesta, o estén sin hacer ruido por un rato. Pon el tiempo con Dios en el lugar principal en tu lista.

Procura encontrar una buena guía de estudio devocional. Cualquier librería cristiana debería ofrecerte docenas de opciones. Pídele algunas ideas a tu maestro/a de escuela dominical. O formúlate una lista de preguntas para cada pasaje de las Escrituras ¿Para quiénes se escribió esto? ¿Por qué? ¿Qué principio espiritual se ilustra en él? ¿Cómo puedo aplicarlo a mi vida? Estudia de manera sistemática. Comienza a desarrollar músculos espirituales.

Podemos disponer de recursos fantásticos que nos pueden hacer fuertes y victoriosos. Nuestro Creador, el Dios eterno, nos ofrece poder y fuerza. Promete convertir nuestros fracasos en triunfos gloriosos: «Pero los que esperan a Jehová [el Señor] tendrán nuevas fuerzas; levantarán alas como las águilas; correrán, y no se cansarán; caminarán, y no se fatigarán» (Isaías 40:31).

Observen lo que este solo versículo nos promete. Dios nos dará nuevas fuerzas; disfrutaremos de una vida por encima del promedio y volaremos por encima de lo que es corriente, como un águila; seremos incansables, infatigables.

La promesa viene con una condición: el poder es para los «que esperan en el Señor». En otras palabras, no hay poder sin oración. Tómate un tiempo para decirle al Señor qué te gustaría que Él supiera. Y tómate el tiempo para permitir que el Espíritu Santo te hable. No te olvides de la solución que encontró Martín Lutero para cuando tenía mucho que hacer: pasaba más tiempo en oración.

Una buena condición espiritual nos capacitará para ser moralmente fuertes. Sin temor a equivocarnos podemos decir que nosotras, las mujeres cristianas, enfrentamos batallas morales. Satanás, el sistema del mundo y nuestra propia naturaleza conspiran para derrotarnos. Es solo cuando estamos en la cima de nuestra condición moral que podemos vivir con éxito y ser una influencia moral para los demás.

La batalla moral es sobre todo una batalla de la mente, y la condición moral es sobre todo una condición mental. Lo que entra en la mente pasa a través de todo el cuerpo.

No hace mucho tiempo me sentí sorprendida al darme cuenta de que había comenzado a cantar canciones que no había escuchado por cuarenta o cincuenta años. ¡Y podía recordar cada palabra! Por fortuna eran cantos que había aprendido en la escuela dominical.

¿Han experimentado alguna vez otro fenómeno que yo también he notado? Me he sorprendido a mí misma pensando en una palabra, o en la repetición de una escena que por casualidad había visto en la televisión o había leído en una revista. Por supuesto, rechazo por completo el pensamiento o la palabra. Solo lo había visto de paso, pero he aquí que, sin haberlo buscado, aparece meses o años más tarde, en la pantalla de mi mente.

Mi experiencia ilustra verdades que nos dicen que necesitamos ser muy íntegros en cuanto al condicionamiento moral. Lo que ponemos en nuestra mente va a influir en nuestro pensamiento. Lo que pensamos va a determinar nuestras acciones.

Amiga cristiana, ¿cómo escoger las revistas, libros y programas de televisión que deberían entrar dentro de nuestra mente? ¿Somos lo suficientemente fuertes como para alimentarnos solo de lo que es puro, bueno, honesto, justo, amable y de buen nombre?

Y ahora, y por último, hablemos acerca de una buena condición física. Correr una carrera o jugar a tenis sin la adecuada preparación es perder la competencia antes de que comience. Quienes hacen planes para ganar, se preparan durante meses o años, y se ponen en buena condición antes de la competencia final. Algunas niñas comienzan a practicar para el espectacular desfile de Miss América aun antes de comenzar a ir a la escuela.

En Uruguay, tan pronto como los niños aprenden a caminar, comienzan a patear habilidosamente la pelota, a cabecearla y a correr detrás de ella. Como resultado, están entre los mejores jugadores de fútbol del mundo. Han estado acondicionándose para jugar fútbol. Sin embargo, si pones a un uruguayo como lanzador de pelota en un pequeño equipo local de béisbol en Estados Unidos, va a fracasar rotundamente. ¿Por qué? Porque se le ha enseñado sobre todo a patear la pelota, no a lanzarla con la mano.

Si todo tu cuerpo está mal preparado, haz algo al respecto en este momento. A nosotras, las mujeres, no nos falta información acerca de cómo estar en buena condición física. Nos bombardean sin cesar con artículos y programas especiales que nos dicen lo que hay que hacer. Lo que nos falta es suficiente deseo para cambiar nuestras vidas.

Haz un experimento. Trata de perder peso y ponerte en forma. Verás lo fácil que puede resultarte la vida cotidiana.

Comienza algo hoy. ¡Pero *no* todo de una vez! No intentes llevar una dieta rigurosa, un programa agotador de ejercicios físicos y hacer muchas otras cosas, todo al mismo tiempo. Sin embargo, comienza algo sin demora.

Si estás pasada de kilos, haz un par de decisiones en cuanto a la comida: no voy a repetir; no voy a comer postre; voy a beber agua fría o té sin azúcar en vez de bebidas dulces.

He observado una cosa acerca de los restaurantes. ¿Han notado que, cuanto más caro es y de más clase, más pequeña es la cantidad de comida que sirven y enfatizan más la presentación? También he observado que, en general, cuanto más lindo es el restaurante, más sencilla es la comida. Las verduras son totalmente frescas, las cocinan poco y las sirven sin salsa.

Convéncete a ti misma, de que eres demasiado refinada como para comerte todo un plato lleno de comida. Y ¿sabías que si la conversación es agradable, puedes pasar un tiempo igual de maravilloso ya sea sorbiendo un vaso de jugo como bebiendo una leche malteada?

Cuando estés en una librería, examinando libros devocionales, elige uno o dos de esos libritos sobre dieta y buena condición física. Por supuesto que también los puedes conseguir en la biblioteca pública. Solo que, si se tienen a mano para lecturas periódicas, resultan de gran ayuda para esos momentos de inspiración.

Caminar es tan buen ejercicio para estar en forma como cualquier otro. Incluye una caminata diaria en tu programa. Tu ánimo va a mejorar tanto como tu cuerpo. Sube las escaleras, en vez de usar el ascensor o la escalera mecánica. Corre mientras esperas que la lavadora termine de escurrir. Salta a la cuerda en el garaje. Usa la bicicleta.

Solo el hecho de perder peso y mejorar la condición física será como incorporar a uno o más amigos en la batalla. Reúnanse a la hora de la comida para hacer un poco de ejercicio físico. Inviten a otras madres (con sus niños) para un programa de ejercicios por la mañana. Si estás haciendo dieta, toma el compromiso, bajo la supervisión de una amiga, de que ella te controle cada vez que te pesas.

También es importante que nuestro cuerpo tenga el descanso adecuado. Se cuenta la historia de un cazador que dejó en el suelo su arco y sus flechas para jugar con una codorniz. «¿Por qué desaprovechas el tiempo?», le preguntó alguien que pasaba. El cazador respondió la pregunta con otra pregunta: «¿Por qué se afloja la cuerda de mi arco?». Si nuestros cuerpos están bajo constante presión, pierden fuerza, tal como sucedería con la tensa cuerda del arco.

¡Qué maravillosa forma de enfrentar el día en buena condición espiritual y física, y lista para aceptar cualquier desafío que Dios tenga en mente para ti, la mujer que ha dado los pasos adecuados para estar en buena condición!

PARA UN FUNDAMENTO MÁS FIRME DE LA CONDICIÓN

1. No tengo planes de participar en competencias atléticas. ¿Siguen siendo las fuerzas y el estado de preparación necesarios para mí?
   1 Corintios 16:13-14
   1 Pedro 3:15

2. ¿Y qué ocurre en cuanto a estar mentalmente fuerte? Parece imposible ser capaz de dominar todos mis pensamientos.
   2 Tesalonicenses 2:2
   2 Timoteo 1:7
   Tito 2:7-8

3. Todos saben que caminar es un buen ejercicio. ¿Qué dice la Biblia acerca de esta actividad?
   Ezequiel 36:27
   2 Corintios 5:7
   Gálatas 5:16
   Efesios 5:2
   Colosenses 1:10

4. ¿Por qué debo estar en buena condición? ¿Para qué debo prepararme?
   Lucas 12:35-40

5. ¿Cuáles son los ingredientes importantes del acondicionamiento?
   Josué 1:9

capítulo 12

Trabajo de equipo

Un anhelo de sacrificar intereses y gloria personales por el bienestar de todos.

«Es compañerismo y consideración por los demás. Si los jugadores no son corteses el uno con el otro, no habrá manera de tener el equipo que se necesita... debe haber un respeto mutuo, y subordinar el egoísmo por el bien del equipo. El equipo debe estar primero» (John Wooden, They Call Me Coach, p. 90).

Son los últimos segundos del partido. El reloj está por señalar el final. Los equipos están muy concentrados. La gente se pone de pie. Los jugadores miden menos de un metro y medio de altura, pero eso no disminuye para nada la emoción del partido. Hay padres que vitorean y está en juego algo más que un simple campeonato de la liga nacional de baloncesto.

Se lanza la pelota. Nuestro jugador atrapa de rebote, gira y se escurre. Uno de sus compañeros, ubicado debajo de la canasta, le grita: «¡Pásala, pásala!». También el entrenador le dice a gritos: «Tienes un hombre esperándote».

¡Pero el jugador está absorto! Perdido en sueños de gloria, se lleva la pelota por toda la cancha, tira hacia la canasta y ¡yerra el tiro! El partido ha terminado.

Es probable que el niño dirá que si no se hubiera resbalado

en la cancha húmeda, si uno de sus compañeros no se hubiera interpuesto, si no se le hubiera metido el cabello en los ojos, hubiera podido acertar.

Más adelante sucederá una de dos cosas. Que vuelva a jugar igual la próxima vez. No aprendió nada. Quizá siga así, sin cambiar, por muchos años. Lo vemos ya hecho un hombre, de edad mediana, infeliz, quejándose de que la razón de no haber podido triunfar (conseguir un ascenso o ganar un premio) ha sido por culpa del entrenador que no lo quería (el jefe es un inepto, ha tenido poca suerte, etc.).

Lo mejor que le podría suceder a este jovencito es que deje de lado sus vehementes excusas, le ponga atención a las quejas de los aficionados, a la amonestación del entrenador y a las referencias de parte de sus compañeros, que, sin importarles que los consideren como poco amables, lo llaman "tragón", y cambie.

El jovencito descubre que el arte de engañar al adversario y llevar la pelota sin ayuda de nadie por toda la cancha para lanzar ese largo tiro hacia la canasta, que piensa que le dará el triunfo en el último segundo, es menos gratificante que pasar la pelota y poder ver a un compañero de equipo que está mejor colocado, hacer la canasta final.

Una asistencia quizá no provoque aplausos, pero le brinda una satisfacción personal. En resumen, aprende el valor del trabajo de equipo y el gozo del espíritu de equipo.

¿De qué equipos eres miembro? ¿Piensas que un poco de ese espíritu de equipo, del cual habla el entrenador Wooden, hará más fácil y más gozosa tu vida?

¿Eres miembro del equipo esposo-esposa o del equipo de una familia, o del equipo de una oficina? ¿No se aplican los mismos principios de este espíritu de equipo al espíritu del cuerpo de Cristo, del cual formamos parte?

¿Piensas que había trabajo de equipo en la casa de la mujer virtuosa? ¿O triunfó sola? Lee de nuevo la lista de sus logros. No conozco a ninguna mujer, por muy preparada que esté y por dedicada y entusiasta que sea, que podría manejar sin ayuda los asuntos de la casa y los negocios de la manera que lo hizo ella.

Sin duda alguna era una buena administradora. Pero no creo

que el secreto de su éxito radicara en reuniones de algún grupo de apoyo. Pero, sin importar si *inspiraba* esa actitud de entusiasmo o si la *exigía*, sin una gran dosis de lo que llamamos "trabajo de equipo", no se habrían realizado los trabajos que cumplió.

Proverbios no nos da a entender que hubiera discordia en la casa. ¿Se percibe la posibilidad de que discutiera o de que sermoneara al que estaba disconforme? ¡No! Lo que leemos es que su familia se levantaba y la llamaban bienaventurada.

Además de su propia familia, estaban sus "empleadas". Se levantaba muy temprano para dar ración a sus criadas, así que asumo que ellas ya estaban listas para comenzar a trabajar (Proverbios 31:15).

¿Cómo se aplica en tu caso este asunto de trabajar en equipo, como esposa y madre moderna, o como joven profesional, que no tienes ni esclavas ni sirvientas?

¿Conoces el valor de la actitud "nosotros dos juntos" en el equipo esposo-esposa, aunque tal vez no lo practiques?

Cuando Charles Ray escribe acerca de la esposa de Charles Spurgeon, habla en especial de una mujer cuyo esposo era predicador o misionero (se refiere a ella como a «la esposa de un gran hombre»). Los principios de cooperación y sacrificio que expone son valiosos por igual para el caso de la mujer casada con cualquier hombre, su propio gran hombre.

> El lugar de la esposa de un gran hombre... requiere un ejercicio de generosidad y modestia, contrarios a los instintos naturales de la naturaleza humana. La mujer que va a llegar a ser una verdadera ayuda idónea debería en gran medida disminuir su propia individualidad y reclamos, para llegar a estar totalmente absorbida en los de su esposo. Ella debe estar preparada para compartir a menudo con aquel a quien ella ama más en la tierra, a fin de que él pueda cumplir con sus importantes compromisos, libre de las trabas de quejas domésticas. Ella debe prestar toda la ayuda que pueda sin esperar cosechar la alabanza de los hombres, lo cual sería muy justo. Ella debe iniciar y llevar a cabo nuevos planes de esfuerzo cristiano y estar

> satisfecha que serán considerados nada más que una parte legítima del ministerio de su esposo (Charles Ray, *Mrs. C. H. Spurgeon*, Intr.).

En otras palabras, no es el ministerio del *esposo* o el trabajo de *ella*, sino el *nuestro*. Cuando estamos juntos en la tarea, nuestras actitudes cambian, y también se modifica la manera de tratar los problemas.

Yo puedo darles un testimonio personal de las dificultades de separarse a menudo de aquel a "quien ella más ama", como expresa Charles Ray. Mi esposo tiene que ocuparse de los asuntos de la Misión y viaja a Uruguay sin poder llevarme. Yo tengo que recordar sin cesar que seguimos formando parte del mismo equipo. A diario reafirmo mi deseo de servir a Dios como equipo, aunque nos separen continentes.

¡El trabajo de equipo puede revolucionar tu casa! Convence a tus hijos que ellos son una parte vital de la familia y verás que hacen por iniciativa propia incluso las tareas más difíciles. Si emplean el método de «somos tus padres y vas a hacer lo que nosotros decimos» o fomentan la actitud de «estamos todos juntos en esto», ¿adivinen cuál de los dos va a lograr que se cumpla con mayor facilidad el trabajo?

Pregunten a Kay Washer, veterana misionera en Togo, qué hicieron ella y su esposo Dal para criar una hija que está dedicada al servicio cristiano en Estados Unidos, y a tres hijos que trabajan en el campo misionero, y les responderá que parte de esto es producto de que «Nunca fue el ministerio de Dal o mío. Fue siempre un ministerio de la familia. ¡Nuestros hijos fueron misioneros en Togo, tanto como lo fuimos nosotros!». ¡Sí, el trabajo de equipo hizo la diferencia!

Lean los requerimientos de John Wooden para los miembros de su equipo. ¿Puedes aplicarlos a tu propia familia?

> Es asombroso cuánto se puede lograr, si no nos importa quién del grupo vaya a recibir el reconocimiento. La generosidad es una cualidad en la que siempre insisto. Cada equipo de baloncesto es una unidad y no los separo…

> Cada hombre desempeña un papel específico, incluyendo el entrenador, los ayudantes, instructores y administradores. Mis directores son parte de nuestro equipo. Ellos no son los servidores del equipo. Antes bien, trabajan para el equipo y, a su vez, el equipo tiene que trabajar para ellos. Una de mis exigencias tiene que ver con cómo dejamos el vestuario. La UCLA deja las duchas y los vestuarios más limpios que cualquier otro equipo.
>
> Me parece que es responsabilidad de cada uno y no solo la de los directores. Además, creo que es una forma de disciplina que debería convertirse en un estilo de vida, en una expresión de cortesía y urbanidad que cada uno de nosotros debemos a nuestro prójimo. Estas pequeñas cosas crean un espíritu de compañerismo y consideración, y son de gran ayuda para convertir al equipo en un grupo sólido.
>
> Trato de desarrollar entre ellos la inquietud personal de que mis requerimientos tienen como fin el bien de ellos, y su máximo éxito... Cortesía, limpieza y prolijidad son características que deberían esperarse, no exigirse (John Wooden, *They Call Me Coach*, pp. 105-106).

Hablemos del espíritu de equipo y de tu trabajo. «Estás bromeando», me dirás. «Tú no conoces la gente con quienes trabajo. Trato de hacer lo que se supone que debo, y luego me voy a casa. Si hablamos de trabajar como equipo, ¡cada uno está en el equipo contrario!».

Responde honestamente a estas preguntas. ¿Es este trabajo la voluntad de Dios para tu vida ahora? Si no lo es, ¿por qué trabajas ahí? Si lo es, ¿no es acaso la voluntad de Dios que pongas lo mejor de ti a fin de hacer prosperar esa obra? ¿Sabe tu jefe que tienes sus intereses en mente? ¿Sabe que se puede confiar en ti, para hacer prosperar el negocio? ¿Lo saben tus propios compañeros de trabajo?

Si eres infeliz en el trabajo, quizá necesitas tener una conversación contigo misma. Tal vez tu ánimo deba estar en orden. Convéncete de que este trabajo es importante y de que eres parte del equipo, que lo va a hacer prosperar. Decídete a conseguir que tu jefe pueda contar contigo como parte del equipo. Sé siempre consciente del hecho de que, lo que estás haciendo, lo haces «como para el Señor».

Tal vez tú *seas* la jefa. ¿Saben tus empleados que los consideras parte del equipo y no subalternos de los que se espera que te hagan tener éxito? (Quizá tú no veas tu trabajo como la aventura de todo un grupo. Sé realista. Tal vez no seas tan indispensable como piensas).

Recuérdales a tus subordinados, con palabras y hechos, que los consideras como una parte importante de la empresa. Haz que se sientan parte vital de la obra.

¿Experimentas un vago sentido de insatisfacción con tu vida, en conjunto? Tal vez tengas una visión falsa de tu posición como cristiana.

Para aquellos que confiamos en Cristo como Salvador, se nos menciona en las Escrituras como miembros del ejército de Dios, y también como miembros del cuerpo de Cristo.

Ambas analogías subrayan la importancia del *espíritu de equipo*. El soldado debe estar bien equipado y bien entrenado. Sin embargo, a menos que opere como un solo hombre con los demás miembros de su unidad, podría darse que todo el grupo muera.

Cada miembro del cuerpo de Cristo tiene una función diferente. Las Escrituras dicen que si una parte sufre, cada parte sufre, y que si una parte es honrada, todas las demás partes se regocijan.

¿Puedes justificar tus celos hacia otro miembro de la iglesia, que parece tener más talento, o amigos, o estima?

¿Te sientes un poco infeliz cuando la alaban en público a la presidente del comité por un trabajo que hiciste tú?

¿O no es este tu problema? ¿Sientes como que no puedes hacer nada de valor, como que no tienes talento?

Escudriña las Escrituras hasta que el Espíritu Santo te convenza de que: a) tú eres una parte necesaria del cuerpo de los creyentes; b) Dios está tan complacido con un pequeño trabajo bien hecho como con otro muy visible; y c) la fidelidad, y no la cantidad que se produce, es lo que trae recompensa. Aquellos que quedaron «con el bagaje» (1 Samuel 30:24) recibieron la misma recompensa, que los que fueron a la batalla.

Éxodo 17 nos ofrece el informe de la exitosa batalla contra los amalecitas. Josué y el ejército pelearon con valentía. De igual importancia para el éxito fueron Moisés con la vara y los hombres colocados a ambos lados que le sostuvieron los brazos.

Tal vez tu trabajo sea «sostener los brazos del profeta». Quizá Dios no te ha llamado para cantar un solo o presidir un grupo de misioneros. Tal vez Dios te ha llamado para ser la clase de mujer que anima con una sonrisa, que hace los pastelitos para la hora del refrigerio, o que ayuda a limpiar después de la reunión. Los miembros del equipo que juegan en la defensa son tan importantes como los que hacen las canastas.

Es probable que sientas a veces que la vida sería más fácil si te pudieras refugiar en una cueva, como una ermitaña. Unos pocos días de soledad nos recordarían a muchas de nosotras que somos realmente personas. La vida es más emocionante, más interesante y más productiva, cuando otras personas están involucradas. Únete al equipo y ¡a divertirse!

PARA UN FUNDAMENTO MÁS FIRME DEL TRABAJO DE EQUIPO

1. ¿Cómo debería reaccionar cuando alguna otra persona obtiene una recompensa o alabanza, y sé que soy yo quien la merece?
   Filipenses 2:3

2. ¿Tengo yo la responsabilidad de procurar con afán la armonía y el amor?
   Romanos 15:1-3
   Gálatas 6:1-2
   1 Pedro 4:10

3. A la iglesia de Cristo se la puede considerar (siempre con respeto) un equipo. ¿Cuáles son algunas de las

responsabilidades relacionadas con ser parte de un cuerpo de creyentes, de una iglesia?

Romanos 15:14
1 Corintios 12:12-27
1 Tesalonicenses 3:12
Santiago 5:16
1 Pedro 1:22-23

4. ¿Qué clase de relación debería existir entre los miembros de la iglesia, en especial aquellos que ocupan puestos de liderazgo?

   1 Tesalonicenses 5:12-13

capítulo 13

Equilibrio y confianza

Ser como eres: desenvuelto en cualquier situación. Nunca pelees contra ti mismo. La confianza nace del estar preparado y mantener todas las cosas en la perspectiva correcta.

Es muy posible que a la mujer virtuosa le faltara belleza física. ¿Te sorprende esta afirmación? Mira conmigo el capítulo 31 de Proverbios. ¿Puedes encontrar un solo versículo que diga que era hermosa?

El 30 dice que la hermosura es vana; honrar a Dios es lo que cuenta. Pero no dice si la mujer era hermosa; sí dice que fue alabada. En realidad, no hay ni una palabra que diga cómo era su cara, si su nariz era más larga de lo que a ella le hubiera gustado, ni tampoco si pesaba algún kilo de más respecto a lo que se estilaba.

Se vestía hermosamente en lino fino y púrpura (versículo 22b). Vestían púrpura las personas de alta posición, o quienes merecían un honor especial. ¡El lino se consideraba una tela fina! Era fuerte y honorable (versículo 25), sabia y amable (versículo 26), y su familia la amaba, la admiraba y la honraba. Pero no era por causa de su belleza. (Quizá fue hermosa. No estoy diciendo que *no lo fuera*; lo que digo es que no lo sabemos. El hecho es que la belleza física no parece ser importante. El rey

Lemuel no lo considera de suficiente importancia como para mencionarlo).

Lo que sí importaba era su comportamiento, sus modales y, si se me permite agregarlo, su dignidad. Mírenla, de pie junto a su esposo en la puerta principal de la ciudad, o mientras compra un campo o extiende la mano a los pobres. Sus acciones eran tan piadosas como buenas. Tenía un porte elegante, era encantadora y se veía llena de amor, llena de una paz agradable, segura de sí misma, y al mismo tiempo era abnegada, tranquila y llena de confianza en Dios, lista para lo que fuera, equilibrada.

Una de las características del equilibrio es el balance, el aplomo, el control. Es ese porte, tranquilo y sereno, que caracteriza a las mujeres cristianas exitosas. Es el mismo control equilibrado que se necesita para que tenga éxito un equipo de baloncesto. Por eso, el entrenador Wooden le hablaba a su equipo de la UCLA acerca de la importancia del equilibrio.

Nuestro equilibrio básico proviene de Dios; cuando tenemos paz con Dios, cuando dependemos del Espíritu Santo que mora en nosotros, podemos tener paz con nosotros mismos y con los demás. Lean el fruto del Espíritu que se enumera en Gálatas 5:22-23: «amor, gozo, paz, paciencia, benignidad, bondad, fe, mansedumbre, templanza». ¿No son estos acaso elementos del equilibrio?

De la mano del equilibro va la confianza, esa otra característica tan atractiva tanto en los jugadores de baloncesto como en las mujeres cristianas.

Podemos llegar a tener confianza en nosotras mismas, sin presunción o arrogancia de ninguna clase, ya que esa confianza se basa en que conocemos la verdadera fuente de nuestra fuerza: ¡el Señor!

Podemos estar tranquilamente confiadas porque conocemos nuestro valor: somos hijas de Dios, hechas a su semejanza.

Sentimos confianza porque sabemos que podemos lograr cualquier cosa que emprendamos: «Todo lo puedo en Cristo» (Filipenses 4:13). Tenemos confianza porque estamos seguras. «Mas el que confía en Jehová [el Señor] será exaltado» (Proverbios 29:25b).

El resultado de confiar en Dios es sentirnos libres, en todo lo que hacemos, y por ello actuamos sin recelo, timidez o temor al fracaso.

La confianza total es algo hermoso, ya sea que la meta sea hacer un descubrimiento científico, pasar un examen de final de curso, cuidar como se debe a la familia, o vestir de escarlata a los de la casa.

La mujer virtuosa poseía una confianza tal, que los demás se beneficiaban: «No tiene temor de la nieve por su familia, porque toda su familia está vestida de ropas dobles» (Proverbios 31:21). Gracias a que estaba preparada, podía enfrentar sin preocupación la estación invernal. Tenía mucha razón de estar confiada.

Moisés dijo a sus seguidores, y nosotros podemos reclamar la misma promesa: «Esforzaos y cobrad ánimo; no temáis, ni tengáis miedo de ellos, porque Jehová [el Señor] tu Dios es el que va contigo; no te dejará ni te desamparará» (Deuteronomio 31:6). Los Salmos de David están llenos de desafíos como: «Aguarda a Jehová [el Señor]; esfuérzate, y aliéntese tu corazón; sí, espera a Jehová [el Señor]» (Salmo 27:14). ¡Observen quién es el que da la fortaleza!

Proverbios 14:26 le da al creyente la ley de la confianza: «En el temor de Jehová [el Señor] está la fuerte confianza; y esperanza tendrán sus hijos». Un escritor de tiempos pasados afirmó que tememos tanto a los hombres porque tememos poco a Dios.

¿Qué debemos saber nosotras, mujeres cristianas, a fin de tener una influencia equilibrada y sosegada para con los demás? Primero debemos tener paz con Dios: «Mas el que me oyere, habitará confiadamente y vivirá tranquilo, sin temor del mal» (Proverbios 1:33).

En segundo lugar, tenemos que tener paz con nosotras mismas. Me acepto a mí misma como algo bueno, hecha a la semejanza de Dios. Me considero útil, capaz de lograr cualquier cosa que Dios haya planeado para mí.

Segura en estas verdades, puedo tratar a la gente con confianza y equilibrio. Puedo ser «yo misma»... natural... sin temor... preparada... poniendo todas las cosas en su debida perspectiva.

PARA UN FUNDAMENTO MÁS FIRME DEL EQUILIBRIO Y CONFIANZA

1. Siempre tengo temor de fracasar. ¿Hay alguna forma de vencer estos temores?
   2 Pedro 1:10-11

2. ¿Puedo, tener confianza al orar? ¿Hay algunas condiciones?
   1 Juan 3:21-24
   1 Juan 5:14-15

3. ¿Qué me da confianza en mi vida diaria?
   Proverbios 14:26

capítulo 14

Grandeza competitiva

Estar en la mejor forma, cuando se necesite lo mejor de ti. Saber disfrutar de un reto difícil.

«Competir te fortalece... Tienes que ser capaz de competir» (John Wooden, TEC Teaching Notes, p. 4).

«Cerca de la cima debe colocarse la *grandeza competitiva*. Y esto no se puede obtener sin equilibrio y confianza. Cada bloque se apoya en el precedente. Uno no va a conseguir el éxito con independencia del otro y, cuando cada uno está en su lugar, estás bien ubicado en la senda que te lleva al éxito. Si uno se derrumba, tal vez provoque la caída de todos los demás» (John Wooden, *They Call Me Coach*, p. 90).

¿Crees esa mentira de que las mujeres cristianas no deberían nunca ser competitivas? ¿Has oído que nosotras deberíamos ser amorosas, amables, bondadosas, y nada más?

Pablo nos dice que nosotras no vamos a ganar (1 Corintios 9:24) a menos que corramos bien la carrera. No nos está diciendo que no deberíamos estar en la carrera. También dice que se esforzaba a fin de conseguir el premio (Filipenses 3:14).

El entrenador Wooden dice que lo que fortalece es competir. También afirma que deberíamos estar luchando por «Un éxito basado en tus propias metas establecidas, no en las de otras personas. Solo una persona puede juzgar eso: tú. Puedes engañar a los demás pero, al hacer el análisis final, solo tú sabrás si has errado el blanco o no. Sabrás si tomaste un atajo, hiciste el camino más fácil o hiciste trampa» (John Wooden, *They Call Me Coach*, pp. 91 y 88).

En otras palabras, ¿qué es lo importante en el partido? Jugarlo bien. No tomar el atajo, el camino deshonesto, la senda más fácil. Paul Harvey dice que te puedes dar cuenta de cuándo estás en el camino del éxito, pues es siempre ¡cuesta arriba!

Los misioneros John y Betty Stamm no eligieron el camino más fácil. Recién casados, estaban ansiosos de compartir con otros el mensaje del amor de Cristo. Se les dijo que no fueran a ciertas áreas de China debido a los disturbios políticos que había en la época. Y ¿cuál fue su respuesta? «Cómo podría esta generación *presente* escuchar el evangelio si nadie va?». La situación les era adversa, pero adversidades siempre habrá. Su entrega les costó la vida.

Para muchos, el costo parecía innecesario y demasiado elevado. Pero otros entregaron sus vidas jóvenes para ser misioneros, como resultado del testimonio tan decidido de los Stamm.

Otro dicho popular que se emplea mucho es que estamos corriendo la carrera de la vida. Pablo nos habla acerca de ganar coronas, y mostraba las marcas en su cuerpo. Nosotros no llegaremos al éxito de mostrar nuestras cicatrices o ganar coronas, a menos que entremos de lleno en la competencia.

Nuestra mujer del libro de Proverbios fue la esposa de quien se dice: «Su marido es conocido en las puertas, cuando se sienta con los ancianos de la tierra» (Proverbios 31:23). Ella también era reconocida por sus propias habilidades; sus propios hechos la alaban en las puertas (versículo 31).

Sus hijos estaban tan bien vestidos y alimentados como ningún otro. Ayudaba a los pobres, extendía la mano a los menesterosos, hablaba con sabiduría. Sus hijos la alabaron.

¡Ella ganó la competencia! Muchos de los participantes hicieron un buen trabajo, pero ella se llevó el premio. (Si esto no es lo que dice el versículo 29, ¿qué significa entonces? «Muchas mujeres hicieron el bien; mas tú sobrepasas a todas»).

La grandeza no consiste en que sea yo la número uno, la persona que está constantemente recibiendo los premios y las alabanzas. Es posible que tu grandeza requiera hacer a otro la persona número uno.

Charles Haddon Spurgeon pensaba que su esposa era una campeona. Le escribió en 1871: «Nadie sabe cuán agradecido a Dios estoy por ti. En todo lo que alguna vez he hecho para Él, tú tienes una parte muy importante, por haberme hecho tan feliz. Me has capacitado para el servicio. Por medio de ti, no se ha perdido ni una sola pizca de poder para la buena causa. He servido al Señor más y nunca menos, gracias a tu dulce compañerismo» (Charles Ray, *Mrs. C. H. Spurgeon*, p. 55).

¿Puedes tú decir hoy, que tienes grandeza competitiva? ¿Te sientes dispuesta a luchar para lograr aquello para lo cual Dios te ha llamado? ¿Estás decidida a hacer un buen trabajo y no uno regular?

Esta competencia demanda fortaleza, pues habrá batallas para pelear. El pecado, Satanás y el mundo están al acecho para derrotarnos. Nuestra propia naturaleza nos va a poner zancadillas frente a los obstáculos, si se lo permitimos. Pero la Biblia nos dice que seamos fuertes y tengamos ánimo. Dios tiene todos los recursos que necesitamos.

PARA UN FUNDAMENTO MÁS FIRME DE LA GRANDEZA COMPETITIVA

1. ¿Quién y qué hace grande a una persona?
   Filipenses 2:7-16
   Santiago 4:10

2. Soy joven, tengo la vida por delante y quiero lo mejor de Dios. Pero ¿qué puedo hacer ahora?
   1 Timoteo 4:12-13
   1 Pedro 5:5-11

3. ¿Cuál debería ser mi principio motivador más grande, al vivir en un mundo de competencia constante?
   1 Tesalonicenses 2:4, 12
   Judas 3

4. ¿Qué antecede al honor?
   Proverbios 15:33
   Proverbios 21:21

5. ¿Qué es mejor que la seguridad financiera y dinero en el banco?
   Proverbios 22:1

capítulo 15

Ambición

«La clase de ambición que, bien enfocada, puede ser grandiosa, pero mal enfocada puede ser dañina» (John Wooden, They Call Me Coach, p. 91).

A Guillermo Carey se le podría llamar un hombre ambicioso. Aunque nacido en la pobreza, quiso instruirse para lograr algo grande para Dios.

Su padre le enseñó a leer y escribir y, a los 14 años, era aprendiz de un zapatero que poseía una pequeña colección de libros. Uno de esos libros era un comentario del Nuevo Testamento, que incluía también los versículos en griego.

Con mucho esmero, Carey fue copiando las palabras y comenzó a aprender griego. De igual manera, más adelante aprendió latín, holandés, hebreo y francés. En siete años podía leer la Biblia en seis idiomas.

A pesar de sufrir mucha oposición, sentía un intenso deseo de ir a la India como misionero. Camino a la India se quedó en Birmania, donde sirvió al Señor muchos años. Carey vio cumplido su anhelo.

Alguien dijo una vez: «Los que hacen el plan de no lograr nada siempre alcanzan la meta». Tal vez yo esté parafraseando esto, pero la idea es la misma. Qué triste será el día en que una mujer llegue a estar absolutamente satisfecha con la vida que está viviendo, con los pensamientos que tiene y lo que está haciendo. Debería por el contrario golpear a la puerta de su alma el deseo de lograr cosas más grandes, que busque y aprenda, se proponga y procure hacer.

Si nosotras no tenemos aspiraciones, esperanzas, deseos, ambiciones fuertes, nos contentaremos con lo mundano, lo aburrido, lo improductivo. ¿Es esa la clase de vida que tú deseas? ¡Yo no!

Yo quiero lograr algo. No me preocupa si no llego a ser famosa. Me quiero sentir bien acerca de mí misma; quiero que mi familia se sienta orgullosa de mí. Y, sobre todo, deseo que Dios se complazca en lo que hago.

Guillermo Carey pudo haber vivido y muerto en los barrios pobres. Pero su ambición, canalizada por supuesto en la voluntad de Dios, le dio el ímpetu de esforzarse por obtener éxito.

La mujer virtuosa tuvo que haber sido ambiciosa. No solo proveyó comida para su familia (Proverbios 31:14-15) sino que, además, hizo y vendió cintas para mejorar su situación (versículo 24). Sin duda vestía bien (versículo 22) y sus familiares recibían más que suficiente de todo lo que necesitaban. (Traía comida de lejos. ¿Incluye esto manjares delicados?). Su marido era conocido en las puertas. Algunos comentaristas dicen que era conocido *por causa* de su esposa. Esta no era una mujer común, sino una mujer ambiciosa, sobresaliente, que hizo que las cosas sucedieran.

Sus ambiciones alcanzaron todas las esferas de su vida: quiso lograr ser una buena mujer, buena esposa, buena madre, buena patrona y buena vecina.

Proverbios 31:30 dice que ella temía al Señor. ¿Podemos imaginar que su ambición principal era agradar a Dios? Como consecuencia, fue alabada y honrada no solo por su familia, sino también por los extraños.

A veces, nuestras ambiciones están desenfocadas. Los adolescentes hacen cualquier cosa con tal de ser populares. El deseo de John Hinkley Jr. de que la joven de sus sueños se fijara en él, lo llevó a darle un balazo al presidente de Estados Unidos. Era rico pero, para llamar la atención, estuvo dispuesto a cometer homicidio.

Otras personas fijan sus metas en el éxito deportivo. Los que participan en las Olimpíadas, de forma voluntaria sacrifican horas practicando, a fin de poder lograr una medalla de oro.

El Salmo 37:4-5 nos recuerda que podemos lograr nuestras ambiciones si las mantenemos en la perspectiva correcta: «Deléitate asimismo en Jehová [el Señor], y él te concederá las peticiones de tu corazón. Encomienda a Jehová [el Señor] tu camino, y confía en él; y él hará».

Pablo hace una lista de tres grandes ambiciones buenas para cada uno de nosotros. Dijo que era (1) ambicioso de *agradar* a Cristo: «Por tanto procuramos también, o ausentes o presentes, serle agradables» (2 Corintios 5:9); (2) ambicioso de *ser una semejanza* de Cristo: «Conformes a la imagen de su Hijo» (Romanos 8:29); y (3) ambicioso de *predicar* a Cristo: «Y de esta manera me esforcé a *predicar* el evangelio» (Romanos 15:20).

David Livingstone, el gran misionero de África, dijo: «Dios tenía un único Hijo, y fue misionero y médico. Una pobre, muy pobre imitación de Él soy yo, o desearía serlo... mi gran objetivo era ser como Él, imitarlo tanto como sea posible de imitar» (W. Garden Blaikie, *The Personal Life of David Livingstone*, pp. 140 y 238).

La mujer que tiene la ambición de agradar a Dios va a considerar lo que la Biblia dice acerca de ello. «No enseñanza teórica, algo como para colocar en los estantes de la biblioteca de nuestra mente, y admirarlo... sino vivo para Dios... algo que debemos hacer en forma activa» (Jerry Bridges, *Pursuit of Holiness*, p. 73).

No es suficiente ambicionar agradar a Dios. Debemos *fijar* nuestras ambiciones en aquellas cosas que le agradan a Él. No importa cuán sinceros seamos en nuestras ambiciones; si van en contra de sus mandamientos y preceptos, son pecado. Los apetitos naturales pueden llegar a ser complacencia, nuestra necesidad de ropa y techo pueden llegar a ser materialismo.

Cuando estaba en la escuela secundaria, no tenía ningún deseo de ser misionera. Sin embargo, comencé a comprender que no hay nada demasiado grande para ofrecerle a nuestro Padre celestial, quien no solo me salvó, sino que también me provee de todo lo que necesito. Llegué a tener la ambición de poder contar a otros lo que Él hizo por mí y mi más grande temor se convirtió en mi más grande gozo.

Cuando el misionero C. T. Studd se preparaba para su ministerio en África, un amigo le hizo la siguiente pregunta: «¿Es verdad que con 52 años de edad vas a dejar tu país, tu casa, tu esposa y tus hijos?». Se nos cuenta que él respondió afirmativamente. Dios lo había llamado y él estaba dispuesto a ir. Al comentar acerca de su obligación de ir, respondió: «Si Cristo es Dios y murió por mí, entonces no hay ningún sacrificio demasiado grande que yo pueda hacer por Él» (Walter Grubb, *C. T. Studd*, p. 136).

Amiga cristiana, ¿eres ambiciosa? ¿Tienes el deseo de hacer más de lo que debes, lograr más que lo común, proveer más que los gozos básicos para tu familia?

¡Atrévete a soñar! ¿Cuáles son las metas que personalmente te gustaría alcanzar? ¿Qué desearías que fuera o hiciera tu familia? ¿Qué te gustaría hacer por Dios?

Dile tus deseos a Dios. Decide llegar más alto que lo que otros puedan pensar. ¡Y triunfa!

PARA UN FUNDAMENTO MÁS FIRME DE LA AMBICIÓN

1. Algunas de mis ambiciones y logros me llenan de orgullo. ¿Qué debería saber en cuanto a ser orgullosa?
   Proverbios 16:18
   1 Corintios 10:12

2. ¿Cuáles son algunos atributos y ambiciones que debo evitar?
   1 Timoteo 6:9-11

3. Tengo la tendencia de empujar a mis hijos para que hagan cosas que yo quiero para ellos. ¿Cuál sería la mejor manera de prepararlos para los años venideros?
   Deuteronomio 4:9-10
   Proverbios 22:6, 15
   Efesios 6:2-4

4. ¿Qué puedo hacer para tener éxito ante los ojos de Dios?
   Proverbios 3:5-6
   2 Timoteo 2:15

5. Como cristiana, debería ser ambiciosa en la esfera del fruto. ¿Qué quiere decir eso?
   Juan 12:24
   Juan 15:1-8
   Gálatas 5:22-26

capítulo 16

Adaptabilidad

«Debes adaptarte para trabajar con otros y encarar el desafío de las diferentes situaciones» (John Wooden, They Call Me Coach, p. 91).

¡Al fin has puesto en orden tu vida! Has escogido las prioridades, organizado, arreglado. Hasta los roperos están ordenados y sabes dónde encontrar las cosas. Entonces, ¿qué sucede? Dios cambia los planes. «Espera, Señor, eso no va a funcionar. Apenas acabo de aprender el manejo de las cosas. Estoy cómoda aquí. ¡No puedo cambiar ahora!».

Pero los cambios vienen, ya sea que nos gusten o no. La familia aumenta, o los hijos crecen y se van, nos trasladamos a otra ciudad, perdemos el trabajo, o conseguimos un trabajo nuevo.

Uno de los secretos de la mujer exitosa es su capacidad de adaptarse a los cambios. Se sabe ajustar a cualquier situación.

¿Has aprendido el secreto de este éxito? Estás constantemente ocupada. Las exigencias de un tiempo muy lleno, ¿cambia tus prioridades? Si no puedes equilibrar esas demandas para que se adapten al tiempo y lugar específicos, vas a fracasar en el manejo de tu vida.

Nuestra heroína del libro de Proverbios debe haber sido una experta en adaptabilidad. Cuidaba de la familia y de los sirvientes de una manera espléndida. Las Escrituras no nos da los detalles en cuanto a esa habilidad de ajustarse, pero ¿no la podemos leer entre líneas?

A veces fue costurera (cosió tapices según el versículo 22), o una mujer de negocios, o agricultora (compró y plantó, según el versículo 16). Y era tan buena esposa que su marido llegó a ser realmente célebre ante los demás (versículo 23). No puedo pensar en que se tratara de un judío honorable (se sentaba en la puerta de la ciudad, un lugar de honor) para dedicar mucho tiempo a adaptarse a los deseos de una esposa que quería tenerlo todo.

No, yo pienso que ella era exitosa en todo lo que se propuso hacer porque aprendió a ser flexible.

Tal vez sea el matrimonio la relación más difícil y que ejerce más presión. No es una experiencia para retractarse de nuestro compromiso de permanecer juntos hasta que la muerte nos separe.

Dos personas completamente diferentes que llegan a ser uno, procedentes de ambientes diferentes y sensibilidades sociales y artísticas distintas, que conducen a diferentes habilidades y perspectivas físicas, emocionales y mentales.

Ahora compartimos una vida. ¿Recuerdas cuánto tiempo te llevó descubrir, después de la boda, que había que hacer algunos cambios? Él se subía al auto (después de ayudarte con amabilidad a entrar, y de cerrar gentilmente la puerta, por supuesto) y ponía el aire acondicionado. Tú estabas sentada ahí, sintiendo como cubitos de hielo en las orejas. Pero así era cómo le gustaba a él. Más adelante descubriste que quería dormir con el zumbido del ventilador como música de fondo. Tú preferías el silencio. Quería que el té ya tuviera azúcar cuando se lo servías en la mesa.

No, para decir verdad, no tomó mucho tiempo descubrir los *cambios* que había que hacer. Aprendimos a adaptarnos para poder vivir con aquel a quien amábamos.

En el intento de lograr intimidad personal, se crean problemas que pueden conducir a crisis profundas. Los problemas financieros acercan o separan. Surgen diferencias de opinión en toda una serie de temas. Solo si aprendemos a ser flexibles, tanto como sensibles, abiertos y pacientes, bajo el control del Espíritu Santo, tendrá éxito la unión.

Y apenas has aprendido a vivir con este esposo, cuando llega el bebé. Más ajustes, *muchas cosas más* a las que adaptarse. ¿A dónde se fueron las románticas cenas para dos, a la luz de unas velas? ¿A dónde han ido a parar aquellos tranquilos sábados por la mañana, y las vacaciones lejos de casa?

Pocos años más tarde (apenas cuando has comenzado a poder dormir una noche sin interrupciones) tu casa se llena de adolescentes. Aprendes a adaptarte a los constantes ruidos, a pelotas de baloncesto que golpean con fuerza el piso (o en el costado de la casa), interminables llamadas por teléfono, risitas tontas. Y ¿cómo te adaptas a tener la puerta del refrigerador abierta, muchas cajas de pizza vacías, y largas listas para ir a comprar más comida?

Luego deberás adaptarte a la vida sin los hijos y, tal vez demasiado pronto, te quedarás sola en la casa. ¿Cómo te adaptarás a la soledad?

Y no es solo la familia que requiere tantos ajustes, sino que también el cuidado de la casa demanda adaptación. Si el sueldo de la semana no alcanza para comprar los alimentos, ajústate de buen humor a un menú más barato. Si las cortinas se encogen al lavarlas, vuelve a hacerlas en otro estilo diferente. Adapta y ajusta el abrigo del año pasado, porque quizá tenga que durar otro invierno. ¡Literalmente habrá que adaptarlo! Habrá que subirle o bajarle el dobladillo y cambiarle los botones.

Las mujeres usualmente reaccionamos frente a los problemas en una de estas tres maneras: explotamos, o escondemos la cabeza como el avestruz, o hacemos un examen detenido de la situación. En primer lugar, podemos desmoronarnos: explotamos, gritamos y chillamos o derramamos copiosas lágrimas. Estamos enojadas y nos volvemos irracionales; cuando nos calmamos nos sentimos avergonzadas. Después, confesamos nuestro pecado, primero a Dios, luego a aquel (o aquellos) que se vieron afectados por el espectáculo que les dimos.

En segundo lugar, podemos hacer caso omiso del problema; el síndrome del avestruz. En lo más hondo, reconocemos que tenemos un problema, pero aparentamos como que nada anda mal y que no se precisa ninguna solución.

Cuando el avestruz presiente el peligro, esconde la cabeza en la arena. ¿Ves el peligro? No, yo no veo ninguna cosa mal. Si escondo mi cabeza el tiempo suficiente, el problema desaparecerá. Pero la táctica del avestruz no funciona. La pobre criatura solo se mete en nuevos problemas: empieza a ver borroso a causa de la arena que tiene en los ojos y, al final, pierde la vida.

O, en tercer lugar y por último, podemos elegir emplear el sistema del examen concienzudo. Esta es la elección más difícil, pero la más exitosa. Examinamos minuciosamente el problema y damos los pasos necesarios para resolverlo. Pedimos a Dios sabiduría suficiente para tratar la situación de acuerdo con los principios bíblicos. Decidimos con conciencia resolver nuestros problemas, haciendo cambios donde sea necesario.

Los pacificadores, que reciben alabanza en las Bienaventuranzas (Mateo 5:9), usaron el sistema del examen minucioso. Es obvio que quienes llegaron a ser conocidos como pacificadores no se retiraron de una batalla, ni disimularon o dejaron de lado el problema, sino que actuaron de una manera semejante a la de Cristo, a fin de traer paz y calma a los que estaban preocupados. Hay una bonificación extra: ser llamados hijos de Dios.

La adaptabilidad es parte del llamado misionero. Mi esposo y yo no recibimos el llamado a las misiones en el extranjero hasta que nuestros hijos estaban ya grandes. Aprendí tarde las dificultades de tener que adaptarme a una nueva cultura y a un nuevo idioma. Pero aprendí a sobrevivir sin las comodidades modernas a las cuales me había llegado a acostumbrar. Aprendí a querer a nuestros amigos en Uruguay y a mantener mis relaciones familiares vivas por medio de la correspondencia, en vez de visitas personales.

Incluso, como representantes de nuestra misión en Estados Unidos, he aprendido a adaptarme. Nos hemos acostumbrado a vivir con las valijas hechas, a dormir en camas diferentes, a comer comidas diferentes y a experimentar climas variados.

¿Y saben qué otra cosa he aprendido? ¡Que puedo hacerlo! ¡Me puedo adaptar! Y lo disfruto. Es imposible contarles de cuántas maneras se ha enriquecido mi vida. (Tampoco puedo contarles en un pequeño libro todos los problemas que Dios utilizó para enseñarme la adaptación). Baste decirles, basada en mi experiencia personal, que es posible aprender a adaptarse. Y el aprendizaje merece el esfuerzo.

Pablo pudo decir que aprendió a estar contento a pesar de su situación; ya fuera en escasez o abundancia, con hambre o con suficiente alimento, había aprendido a adaptarse (Filipenses 4:11-12). A pesar de las dificultades que conlleva ser misionero ambulante y ser encarcelado, pudo escribir: «Regocijaos en el Señor siempre. Otra vez digo: ¡Regocijaos!» (Filipenses 4:4). ¡Pablo fue un maestro de la adaptabilidad!

Amiga cristiana, tú puedes crujir de dientes y hacer que todo siga igual, o puedes con alegría cambiar, y adaptarte a las diferentes circunstancias de tu vida. ¡Elige adaptarte y disfruta!

PARA UN FUNDAMENTO MÁS FIRME DE LA ADAPTABILIDAD

1. Ser adaptable suena bastante fácil, pero hay quienes rehúsan ser pacíficos. Entonces, ¿qué?
   2 Timoteo 2:22-26

2. ¿Cómo puedo adaptarme a una situación, cuando alguien me acusa falsamente o me traiciona?
   Proverbios 20:22
   Lucas 6:27-28

3. ¿Cuáles son algunos de los principios que me ayudarán a adaptarme en cualquier situación?
   Romanos 8:28
   1 Corintios 10:31
   Filipenses 4:11
   1 Timoteo 6:6-8
   Hebreos 13:5 y 17
   Santiago 4:17

4. ¿Hay alguien que me pueda guiar a elegir bien?
   Juan 16:13

5. ¿Cuáles son las consecuencias si rehúso cambiar?
   Salmo 1:6
   Romanos 6:19-23

capítulo 17

Ingenio

«Debes mostrar ingenio porque en casi todas las situaciones es necesario el buen juicio» (John Wooden, They Call Me Coach, p. 91).

¡Tengo una sugerencia que te va a cambiar la vida! Desarrolla una característica y triunfarás en la vida diaria. ¿Cuál es esta peculiaridad individual que obra milagros? El *ingenio*.

La mujer ingeniosa es capaz de ocuparse con eficacia de los problemas; es capaz de encarar una situación y, en forma habilidosa, descubrir un plan para poner en marcha una actividad. Sabe confrontar y resolver casi cualquier circunstancia.

De por sí, esto ya es bastante, ¿no? Si yo puedo ocuparme de mis problemas, enfrentar cualquier situación y decidir qué hacer al respecto, ¿de qué más tengo que preocuparme?

Reconozco que, si soy ingeniosa, mi vida puede cambiar. (¿Estás de acuerdo conmigo en cuanto a esto?). Lo que todavía no sé es *cómo lograr* ese ingenio. Consideremos el tema.

Acudamos a la Biblia para observar a la mujer de Proverbios 31 que hemos estado admirando. Me pregunto: ¿Cómo encaraba ella los problemas al «considerar los caminos de su casa»? (Proverbios 31:27a). Sin duda se topó con algunas dificultades. Aquí la vemos con un esposo involucrado en la política (como quiera que sea, quizá política local, pues nos dice el pasaje que se sentaba entre los ancianos), una familia para alimentar y vestir (y recuerden, ella no solo cosía la ropa sino que también confeccionaba las telas), campos para comprar y plantar, y deberes sociales que cumplir.

Todo ese trabajo que ella realizó, ¿avanzó de forma automática? Por supuesto que no. Enfrentó los mismos problemas que tenemos nosotras. La verdad es que desde hace mucho no he estado pensando en comprar y plantar un campo. Pero apenas ayer estuve considerando cómo hacer para terminar este libro, mientras preparo las maletas para nuestro próximo viaje. Y ¿cómo conseguir escribir algo estando de viaje?

Ella conocía la situación, planeaba qué proceder escogería, luego llevaba a cabo su plan. Tenía conocimiento de la vida y de la gente, así como una buena experiencia en negocios. Todo eso contribuyó a que tomara decisiones correctas.

Nunca dejen de aprender. Asimilen todo el conocimiento que puedan. El período de educación no debería terminar con la graduación en secundaria o en la universidad. Cuanto más sabemos, más ingeniosas podemos ser. Toma todos los cursos que puedas. Averigua si en la secundaria o en la universidad más cercana se ofrecen cursos especiales o minicursos. ¿Alguna vez en tu iglesia se ofrecen seminarios para mujeres? De ser así, piensa en asistir.

No necesitas cursos muy formales para continuar tu educación. ¿Lees mucho? Deberías hacerlo. Si tus lecturas ahora mismo consisten casi siempre en novelas livianas, cambia tu dieta. La biblioteca está llena de libros. Lee acerca de historia, viajes u otros asuntos.

Y asegúrate que no haya vacíos en tu educación espiritual. La mayor parte de tus lecturas deberían consistir en libros espiritualmente valiosos.

Y sin costo alguno te doy este consejo: Tal vez pienses que no tienes tiempo para ese tipo de educación continua. Eso no es verdad. Sin duda dispones de ratitos de unos quince minutos.

Si desarrollas el hábito de tener un par de libros en tu mesita de noche, descubrirás que puedes leer unos minutos antes de dormirte, o temprano en la mañana, o cuando estés desvelada.

Acostúmbrate a llevar un libro o una revista contigo. Lee mientras tienes que esperar en alguna oficina o consultorio, o al esperar la salida de tus niños de la escuela. ¡La lectura logra mucho más que las quejas!

No te preocupes si lo que estás leyendo no tiene ahora un uso práctico para tu vida. Te lo aseguro, con el tiempo vas a utilizar todo lo que sabes.

Dios nunca nos pone en una situación que Él no haya planeado para nosotros. Algún día te vas a encontrar en el lugar donde, lo que fuiste almacenando en la cabeza, te sirve muy bien. Los conocimientos aflorarán a la memoria y las ruedas creativas comenzarán a girar.

Lo que yo aprendí en una clase de cerámica que solo tomé para pasar el rato, años atrás, era exactamente lo que necesitaba cuando me pidieron dar una clase de manualidades en un campamento de jóvenes cristianas. Un problema de salud que tuve por mucho tiempo me ha dado su retribución, al poder dar ánimo y mostrar compasión por otros que están enfermos y limitados en sus actividades.

Este principio de usar lo que has aprendido, es tan cierto en el campo espiritual como en el secular, y es también muy importante. El Espíritu Santo acude rápido a darnos ayuda cuando la necesitamos, pero con todo, no nos puede dar el entendimiento de verdades que nosotros no sabemos. Por esta razón debemos memorizar las Escrituras. El Espíritu Santo nos las traerá a la mente cuando las necesitemos.

¿Tienes dificultad en recordar la información que te gustaría guardar? Ha llegado el momento de tener algún tipo de archivo *organizado.*

Puedes elegir uno de los tantos sistemas existentes a fin de tener organizada tu información. Déjame mencionarte el que a mí me ha dado resultado.

He establecido dos archivos. En uno tengo tarjetas, en el otro, carpetas. (Esas carpetas para archivar son fantásticas. Con razón los profesionales las usan tanto).

Comienza un archivo de tarjetas de esas que vienen con índice; cuando oigas alguna referencia interesante, alguna idea, o cualquier otra cosa que te gustaría conservar, escríbela en una de las tarjetas, le pones un rótulo con el tema y te haces una secuencia en orden alfabético. (Algunas personas usan tarjetas más pequeñas. Depende de si tu letra es pequeña, o de si haces notas breves).

A medida que la cantidad de tarjetas vaya aumentando, pon los temas por separado, clasificándolos a tu gusto: espirituales, sugerencias para la casa, huerta, ideas para cuando vas a viajar, los niños, los padres, cosas cómicas, etc. Incluso mis variados programas de ejercicios están en ese archivo de tarjetas.

El archivo ocupa un espacio mínimo y es fácil de manejar. Cuando me voy de viaje, suelo sacar las tarjetas que pienso voy a necesitar.

También llevo tarjetas en blanco a todas partes. ¡Quién sabe si no voy a necesitar apuntar alguna cosa nueva! Tomo apuntes de las predicaciones. Más tarde leo el bosquejo y decido qué voy a conservar en mi archivo y qué voy a descartar. Lo más frecuente es que me quiera quedar solo con una parte.

Solo este uso del archivo, de poder seguir con atención los mensajes que escucho, ha hecho que todo este sistema valga la pena. Estoy obligada a prestar mucha atención al predicador, pues voy tomando nota de los puntos principales. Aprendo un poco más al hacer el repaso de mis notas, y decido lo que voy a guardar. Soy bendecida por tercera vez cuando, meses más adelante, leo de nuevo esos apuntes guardados en mi archivo. Por último, vuelvo a ser bendecida cuando comparto el nuevo conocimiento con otras personas.

La otra sección de mi sistema de archivo es la de las carpetas. Si hasta ahora no has recortado artículos de los diarios y revistas a medida que lees, ¡comienza ahora! Pero no los dejes apilados en un cajón del armario en la cocina, o en una caja vacía de zapatos, donde no los vas a ver nunca más. Ponlos en una carpeta, y etiquétala por temas.

A medida que aumenta, ese sistema, esa clasificación va a resultar insuficiente. Lo que comenzó como «Decoración» tal vez tengas que dividirlo en otras secciones como: «asuntos de cocina» , «asunto pisos», y otros. Cuando le dije a una amiga no hace mucho que estaba pensando hacer algo en mis ventanas para que tengan el aspecto de que tienen más luz y aire, me ofreció una carpeta repleta que tenía el rótulo: «Cosas extraordinarias». ¡Y ahí encontré muchas ideas!

Si compartes tus libros, CD o DVD, asegúrate de tener una carpeta con la lista de los mismos, y apunta a quién se los has prestado y cuándo.

Conseguir y almacenar información no nos asegura el ingenio. El siguiente paso es usar la información. Es fácil decir: «No sé» o «Nosotros no podemos hacer esto», antes de intentarlo. No seas perezosa.

Cuando llegue la oportunidad de ejercitar tu ingenio (cuando enfrentas un problema), no suspires; ¡actúa!

Piensa en la situación: «Muy bien, así que debo hacer esto. Podría hacerlo de esta manera… o de esta otra… o… ¡se me ha ocurrido una idea genial!».

¿Eres ingeniosa en lo que se refiere a tu forma de vestir? ¿Te vistes bien (recuerden a nuestra mujer modelo, que se vestía mejor que lo común, con lino y otras telas finas) sin perjudicar el presupuesto de la familia? ¿Puedes levantar o bajar el dobladillo de un vestido, o agregarle algo a un traje para que luzca como dos prendas nuevas? ¿Haces tus compras en las tiendas que tienen ofertas especiales? ¿Te asesoras lo suficiente para saber qué está de moda, sin llegar a ser esclava de la misma?

Uruguay es un país hermoso, pero la gente tiene poco conocimiento en cuanto a algunas de las mejores cosas (en este caso: tacos, burritos y enchiladas). Esos letreros tan familiares para nosotros, Taco Bell, taco salsa y tortillas mexicanas no existen en Uruguay. ¡Qué oportunidad, entonces, para improvisar!

Abundan los tomates, las cebollas y los chiles verdes; podemos hacer salsa. No se encuentran las tortillas de la cocina mexicana, pero sí las tapas para empanadas; son artículos que se encuentran en el supermercado. Así que podemos dorar esas tapas de masa en un poquito de aceite, le agregamos carne, salsa, lechuga y queso. ¿Resultado? ¡Deliciosos tacos! (Pero no hemos sido tan ingeniosos como para lograr algo con ese sabor especial de la manteca de maní crujiente, marca Peter Pan. Tal vez algún día…).

¿Muestras ingenio en la manera en que usas tus talentos? Si sabes cantar un poquito, ¿vas a cantar a los ancianos en la casa de salud, o cantas en el coro de tu iglesia?

Dios nos ha dado talentos a cada uno. Tal vez tu habilidad es hacer dinero. Tal vez tengas el don de misericordia, de ayudar a otros. Busca diferentes maneras de usar las habilidades que Dios te ha dado.

El Señor nos mostró cuál era el castigo para la falta de ingenio en su ilustración acerca de un hombre que, antes de irse de viaje, le entregó dinero a tres de sus siervos. A su regreso, felicitó a dos de ellos que habían invertido el dinero y habían incrementado los fondos.

El tercer hombre no había hecho nada, porque no supo qué hacer y, además, porque tuvo temor de perder el dinero que le habían entregado. ¿Lo animó acaso su patrón, diciéndole: «Ah, no te preocupes. Lamento sí que no hayas sentido la satisfacción de lograr algo. Pero, por lo menos no perdiste nada?».

No, ¡no dijo eso! Dio el dinero de este siervo a aquellos que habían ganado más, y «al siervo inútil echadle en las tinieblas de afuera; allí será el lloro y el crujir de dientes» (Mateo 25:30).

Esto nos sugiere que Dios espera que usemos lo que nos ha dado. Si esta ilustración tiene algún significado para nosotras, como mujeres cristianas del siglo XXI, es que no tenemos excusa de no saber qué hacer.

Posiblemente quiera decir que Dios espera que nosotras aprovechemos las oportunidades. Esto no significa que lo hagamos de la misma manera que lo hace el mundo. ¡Significa emprender y *tratar* de hacer algo! No entierres tu talento. (¿Recuerdas que eso fue lo que hizo aquel siervo desafortunado?).

Tú debes tener ingenio. Usa algo del conocimiento que ya has acumulado. Dejando ahora de lado la idea de los archivos en tarjetas y carpetas, piensa un poco.

Por ejemplo, ¿cómo puedes cumplir con el mandamiento de llevar el evangelio? ¿Qué tal si usas tratados o folletos? Dale uno al hombre que trabaja en el negocio tal, o a la mesera del restaurante, o al vendedor que llega a la puerta de tu casa. En el mismo sobre que estás mandando para pagar una cuenta, puedes poner folletos del evangelio. O escribe una carta en la que invitas a una persona amiga a venir a la iglesia.

David, el pastor, usó con ingenio lo que tenía para derrotar al enemigo: una honda y cinco piedritas. Dorcas usó una pequeña aguja para ayudar a otros. No es tan importante lo que tenemos sino ¡cómo usamos lo que tenemos!

Dios puede tomar esa pequeña habilidad nuestra y hacerla producir. Nuestra parte es buscar la forma en que nuestras vidas sean mejores, y que podamos servir a Dios con éxito.

PARA UN FUNDAMENTO MÁS FIRME DEL INGENIO

1. ¿Cuál es mi principal fuente de guía? ¿Cómo me será de ayuda?
   Salmo 119:11 y 130

2. ¿Cómo coincide mi ingenio con la responsabilidad hacia los demás?
   Hechos 20:35
   1 Pedro 3:8-9

3. Cada cristiano tiene una personalidad diferente y es bendecido con distintos y variados dones espirituales. Pero ¿cuál es el común denominador que nos fuerza a cada uno de nosotros a ser ingeniosos?
   1 Corintios 12:4-12

capítulo 18

Lucha y determinación

«Recuerden esto a lo largo de su vida: Mañana va a haber más que hacer... Y el fracaso les espera a todos aquellos que se apoyan en algún éxito logrado ayer... Mañana van a tener que intentarlo de nuevo. Y aún con más fuerzas que antes» (John Wooden, They Call Me Coach, p. 94).

¿Han observado a un niño de cuatro años que está tratando de atarse los cordones de los zapatos? De cuclillas en plena calle, lo intenta una y otra vez hasta que logra que el lazo quede bien. Ni se da cuenta de las sonrisas de los que pasan junto a él. Su determinación no le permite ver nada más que lo que está haciendo. ¡Conseguirá atarse los zapatos!

¿Y han observado a un joven estudiante de secundaria que juega de delantero, en un partido importante de fútbol? Va a por todas, antes de dejar que alguien le quite la pelota que lleva en los pies. ¡Está decidido a ganar!

John Wooden compara esta determinación con lo que llama «luchar» en su libro. Dice que los equipos de baloncesto no llegan a ser campeones si no tienen eso. (En este capítulo vamos a usar el término «determinación» en vez del término «lucha», pues suena algo más femenino).

Las madres tienen una energía enorme cuando uno de sus hijos está enfermo o tiene problemas. Haríamos todo lo que estuviera a nuestro alcance a fin de aliviar una situación difícil. Los instintos maternos son fuertes, al punto de que estamos dispuestas a privarnos de horas de sueño, de comodidades o de bienes.

La mujer virtuosa era una mujer con determinación. En forma deliberada se viste de fuerza y honor (Proverbios 31:25a). También, «ciñe de fuerza sus lomos, y esfuerza sus brazos» (versículo 17). Se hace fuerte. Necesitaba ser fuerte pues tenía que proveer para su familia.

La fuerza física era importante en una sociedad agrícola. Plantar y cosechar, hilar, almacenar alimentos; todo eso significaba trabajo físico duro. No dudamos de que era una mujer físicamente fuerte.

Estaba decidida a finalizar sus tareas. Se levantaba antes del amanecer para asegurarse de que todos los trabajos se realizarían (versículo 15).

Mario tuvo un desafortunado año en el Instituto Bíblico de la Misión, y se sentía desanimado. Entonces le hablamos a este joven brasileño de la filosofía del Dr. Bob Jones Sr., de que el fracaso no es una desgracia. La desgracia se produce cuando abandonamos la pelea para evitar fracasar.

Mario decidió continuar batallando. Regresó para su segundo año. Aprendió a estudiar y sus calificaciones mejoraron. Al final del tercer año, era uno de nuestros mejores estudiantes. En la actualidad es un pastor exitoso, ¡gracias a su determinación de seguir adelante!

Mi nuera Joan recuerda muy bien cuando aprendió a coser. Bajo la estrecha supervisión de su madre, debía descoser una costura torcida y volverla a hacer una y otra vez, hasta que estuviera totalmente recta. Joan lloraba y se decía a sí misma que no se trataba de algo tan importante y que nadie iba a notar esa costura. ¡Pero aprendió a tomar la determinación de hacer las cosas bien hechas! Aún hoy sus costuras parecen profesionales.

Y yo les puedo decir que nosotros, los misioneros, estamos muy agradecidos por la determinación de los uruguayos de ser gente limpia. Aunque a menudo las personas acarrean a la casa el agua en baldes, sus ropas suelen estar limpias y su cabello cuidado. Los uruguayos muy rara vez ofenden con malos olores o mal aliento. Es un verdadero gozo trabajar con personas que han asumido la responsabilidad de ser limpios. A veces las jóvenes en el campamento usan todos los días la misma ropa, pero siempre la lavan a mano y esas ropas lucen magníficas.

¿Te gusta tener ropa variada? A la mayoría de las personas sí, y a mí también. Sin embargo, tengo que tener cuidado de poner en mis pequeñas valijas prendas que combinen, a fin de que quepa todo lo que escojo.

Es malo tener poco, pero es malo también tener *mucho* y no apreciarlo. Seleccionen su ropa y asegúrense de usar todo lo que tienen. Una buena idea para tener en cuenta es que, si durante un año no has usado una prenda de ropa, regálala o véndela en un lugar de compraventa de ropas usadas.

La mujer virtuosa se vistió de fuerza y honor. Nuestro guardarropa debería incluir también fuerza y honor.

¿Eres consciente de otras «gracias» de las que deberías revestirte? Colosenses 3:12-14 nos dice: «*Vestíos*, pues, como escogidos de Dios, santos y amados, de entrañable misericordia, de benignidad, de humildad, de mansedumbre, de paciencia; soportándoos unos a otros, y perdonándoos unos a otros… Y sobre todas estas cosas *vestíos* de amor».

¿Te cansas de usar la misma ropa día tras día? Hazte la determinación de nunca despojarte de «fuerza y honor». Resuelve usarlas cada día, no solo los domingos.

La determinación le pone zapatos a los pies del «deseo de hacer cosas». Así que, camina con la cabeza en alto, ataviada con modestia para la gloria de Dios, y realzada con fuerza y honor.

PARA UN FUNDAMENTO MÁS FIRME DE LA DETERMINACIÓN

1. La determinación muchas veces demanda agresividad; esto causa conflictos. ¿Cuán lejos deberíamos llegar con la agresividad?

2 Corintios 9:8

2. Necesito estar continuamente decidida a hacer varias cosas. ¿Cuáles?
   Salmo 34:13-14
   Proverbios 16:20
   Mateo 5:3-8
   1 Corintios 15:57-58
   2 Timoteo 2:22
   Santiago 1:26-27
   1 Pedro 3:1-6
   2 Pedro 3:14

3. ¿Qué cosas practicadas con frecuencia causarán derrota?
   Hebreos 10:23-25, 35

4. ¿Qué me alienta a ser decidida?
   2 Tesalonicenses 3:13
   Hebreos 12:1-3, 12-15

capítulo 19

Integridad

«Ocúpate más de tu carácter que de tu reputación. Tu carácter es lo que tú realmente eres, mientras que tu reputación es lo que otros piensan que eres» (John Wooden, They Call Me Coach, p. 69).

Al escribir sobre este tema de la integridad, déjenme compartir el testimonio de una misionera en Uruguay llamada Úrsula Thiessen. Ella ha sido una inspiración y bendición en mi vida, y en la vida de muchos otros.

Veamos primero la definición de *integridad*: «rectitud, honestidad, sinceridad, adhesión a un código moral, calidad de un estado de ser completo o íntegro, mostrar entereza, ser cabal».

Úrsula nació en Danzing, Alemania, y fue la quinta en una familia de seis hijos. Los primeros años de su vida fueron muy felices. Asistía con regularidad a la iglesia. Hizo profesión de fe en su niñez. Sabía que tenía que creer en el Señor Jesús, y eso fue lo que hizo. Aun siendo pequeña, recuerda que, cuando había problemas, se subía al segundo piso para orar y ponerlo todo en las manos de Dios, a quien sentía muy cerca y respondía a sus oraciones. En lo profundo de su corazón, su único deseo era seguir al Señor Jesucristo y serle fiel. La vida de Úrsula llegó a ser *íntegra* y *completa*.

Nunca le habían enseñado que no participara en las cosas mundanas, pero hubo cosas que no hizo, aunque en esos momentos no conocía las bases bíblicas de sus decisiones. Úrsula *se adhirió a un código moral.*

Antes de llegar a la adolescencia, comenzó la Segunda Guerra Mundial, lo cual produjo muchos cambios y temores en la familia. El papá de Úrsula tuvo que ir a la guerra, y más adelante murió en un hospital de la zona enemiga. Su hermano también tuvo que ir a pelear, pero después de que terminó la guerra pudo regresar con su madre y sus hermanas.

En una noche helada, la madre y las hijas tuvieron que huir, abandonando la casa y la granja. Salieron por un camino que ya estaba repleto de otros carruajes, tirados por caballos, que trasladaban a muchas familias que huían como ellas.

La madre llenó el carruaje de comida, ropa de abrigo, acolchados y otras cosas. Parecía que toda la gente del Este se estaba desplazando sin ninguna meta ni destino fijo. Sabían que estaban rodeados de las tropas enemigas. Se encontraron con cadáveres desparramados a lo largo de la ruta. La noche parecía de día debido al fuego de los incendios que quemaban casas, granjas y puentes. No sabían cómo iba a acabar todo eso.

En un sentido material, la familia de Úrsula lo había perdido todo. Ella sabía que los enemigos la podían matar, pero ¡no podrían arrebatarle a Cristo! Él estaba en ella; era suyo; ¡qué consuelo tan grande!

Dos días más tarde, mientras la familia seguía huyendo, encontraron un lugar donde descansar. Era una noche terriblemente fría. Había una tormenta de nieve. El ruido de las bombas que explotaban, el disparo de los proyectiles y el aullido triste de los perros rompían el silencio de la noche. Nada se podía hacer sino clamar a Dios, y esto es lo que hizo.

Le rogó a Dios que los salvara de los enemigos y, si lo hacía, le prometió que viviría para Él. Su fe le hizo ver que lo que era imposible para los hombres, conseguir salvarse, no lo era para Dios. Él ya había hecho el milagro de protegerlos hasta ese punto. Podía hacer muchos milagros más.

Sin ninguna explicación humana (excepto la divina), las tropas enemigas que los perseguían, y que avanzaban 37 kilómetros por día, se detuvieron. De haber seguido avanzando, Úrsula y su familia hubieran sido alcanzadas. Luego se pusieron a salvo en un barco, en el Mar Báltico. Durante tres días navegaron de un lado para otro. Muchos otros barcos repletos de personas se hundieron por causa de las minas que flotaban en el agua, y se perdieron. Por fin llegaron a la Alemania Occidental para de allí seguir huyendo. Ahora, si las capturaban, serían los soldados americanos que por lo menos las tratarían como seres humanos.

Allí, en Alemania Occidental, había millones de refugiados que no tenían dónde ir, así que Úrsula con su familia decidieron emigrar a América del Sur. ¿Qué les depararía el futuro? Lo único que les importaba en esos momentos era poder vivir juntos y en paz.

Algunos meses después de haber llegado a Uruguay, Úrsula se enfrentó a una enorme carga; tenía que tomar una decisión. El mundo la empujaba en una dirección, pero ella no sentía la libertad de dirigirse hacia allí. Buscó la perfecta voluntad de Dios. Oró por tres semanas, leyendo la Biblia y derramando muchas lágrimas, hasta que por fin supo que Dios quería que lo sirviera a Él, quedándose soltera. Su *determinación* llegó a ser *total*.

Durante las semanas siguientes sintió el corazón rebosante de gozo y felicidad. En forma providencial llegó a la iglesia que un misionero americano, el Dr. Fred Dabold, había fundado. Dios tenía ese lugar preparado para ella en esos momentos y para el resto de su vida. Encontró compañerismo, un ambiente donde se buscaba a Dios, doctrina sana y amor cristiano genuino.

Después de bautizarse, Úrsula comenzó a asistir al Instituto Bíblico de Fred Dabold. Se presentaron luego oportunidades para enseñar a un grupo de mujeres y de niños, además de testificar. Fue una de los primeros cuatro estudiantes que se graduaron. Después de su graduación, se convirtió en misionera de tiempo completo en la Misión en Uruguay.

Una noche, Úrsula estudiaba la vida de Ana y el voto que le hizo a Dios, y recordó entonces la promesa que ella le había hecho a Dios aquella terrible noche fría, en Alemania, rodeados por los enemigos y sin posibilidad de escapar. Su reacción inmediata fue orar para darle gracias a Dios. Y sintió que, aunque se había olvidado de la promesa, Dios la había llamado y guardado para que fuera obediente a ese voto. Úrsula es *recta*, *honesta* y *sincera*.

Como misionera entre personas de un pueblito pobre, trabajó con afán, sola por años; lo cual le permitió ver a muchos entregarse a Jesús el Salvador. Su vida fue ejemplo de gran *entereza*, por difíciles que fueran las circunstancias.

¿Y qué se puede decir de sus habilidades *artísticas*? Úrsula ayudó a construir el edificio para la iglesia con techo de paja, paredes de adobe y piso de tierra. Para aquella pequeña congregación en Cerro Pelado, era algo muy hermoso.

¿Están de acuerdo conmigo en que esta mujer posee integridad? Todos los elementos que definen la integridad han estado presentes en la vida de esa persona como joven misionera, y aún ahora en que está siempre involucrada en los negocios del Maestro.

La integridad no tiene nada que ver con el dinero. Se puede ser íntegra, honesta y recta ya sea que inviertas y gastes millones de dólares o unos pocos centavos. No se puede juzgar la integridad a partir de la riqueza o de la pobreza. «Mejor es el pobre que camina en integridad, que el de perversos labios y fatuo» (Proverbios 19:1).

Tal vez te alaben y admiren en tu escuela o comunidad. Siempre dices y haces lo correcto. Tratas en forma justa a los demás, y los amigos confían en ti. Pero, si la sinceridad no respalda tus acciones, no puedes llamarte íntegra.

Hay algo así como una parte central, íntima, que conforma la verdadera integridad, tu carácter, lo que tú eres *de verdad*.

Si carecemos de ello, ¿hay alguna manera de obtenerlo? Piensa en cuáles son las condiciones que muestran que eres una persona íntegra y completa ante Dios. (Si es necesario, lee otra vez el capítulo introductorio de este libro, que te puede ayudar a entender el fundamento sobre el cual se edifica la vida cristiana). Una vez que esa parte central esté segura, empezarás a vivir la clase de vida en la que se manifestará tu integridad.

Para entender en forma práctica cómo hay que vivir, lee la Biblia. Estudia todos los versículos que tratan de la honestidad, la rectitud, la sinceridad y de ser cabal.

Memoriza versículos. Llénate tanto de las Escrituras que cuando Satanás te tiente a ser deshonesta o falsa, el Espíritu Santo te dé seguridad con la palabra exacta. Haz que tus pensamientos sean los pensamientos de Dios, que lo que Dios ame, tú lo ames, y que lo que Dios odia, tú lo odies. Elige una mujer piadosa como tu ejemplo. Cuando tu vida ya se base en la verdad, determina que, con la ayuda de Dios y por su gracia, vas a poner en práctica las cosas que conforman el carácter de la integridad.

Sé una mujer íntegra como nuestra mujer ideal de Proverbios. ¿Fue su vida una vergüenza? ¿Engañó a los mercaderes que compraban sus telas? ¿Su mercadería era de mala calidad? ¿Su esposo estaba celoso? ¿Estaba preocupado por la conducta de ella?

¡Por supuesto que ya saben la respuesta! Los versículos finales hacen un adecuado resumen de su vida. Esta es mi paráfrasis personal: muchas mujeres hicieron el bien, pero tú eres la mejor. La hermosura no dura, pero la mujer que confía en Dios será alabada. Ella va a obtener recompensa y va a ser justamente alabada. Es su integridad, su continua ejecución del bien, lo que hace que su familia y aquellos que están relacionados comercialmente con ella, le tengan confianza.

La mujer íntegra puede vivir en un mundo pecaminoso sin contaminarse, sirviendo, dando una lección resplandeciente de confianza en Dios. Amiga cristiana, ¿qué lecciones estás enseñando tú, hoy?

PARA UN FUNDAMENTO MÁS FIRME DE LA INTEGRIDAD

1. ¿Hay formas de darnos cuenta de si una persona posee integridad o sabiduría?
   Proverbios 15:2
   Santiago 3:17-18

2. ¿Es posible tener una vida balanceada cuando no se considera a Dios?
   Romanos 1:20-25

3. ¿Cómo se puede adquirir el buen juicio? ¿Se dan algunas condiciones?
   Salmo 119:66
   Proverbios 2:2-9

4. ¿Qué sucede cuando quienes desempeñan el papel de ejemplo para mí son inmorales y rehúso separarme de su influencia?
   Isaías 33:13-16
   1 Timoteo 6:3-5

5. ¿Qué me ayuda a tener integridad y ser completa?
   Colosenses 4:12

capítulo 20

Ser digna de confianza

«Un hombre cuidadoso quiero ser.
Un pequeño niño me sigue.
No puedo extraviarme
por temor a que él siga el mismo camino»
(John Wooden, They Call Me Coach, p. 21).

¿Han buscado alguna vez en el diccionario la palabra «confiable»? Uno dice que confiable es la calidad o condición de ser digno de confianza. ¿Qué quiere decir confiabilidad? He aquí una definición adecuada: confiable es alguien capaz o idóneo como para poder confiarle algo. Otra fuente dice que confiable significa carácter *cumplidor* y *responsable*.

Ya lo entiendo. Si eres digno de confianza, ¡puedo contar contigo! Haces lo que dices que vas a hacer.

¿Es importante ser digno de confianza? John Wooden dice que sí. Afirma que podría ocurrir un desastre si tan solo uno de sus jugadores de baloncesto en el campeonato no estuviera en la posición apropiada para cada jugada específica. El equipo perdería la oportunidad de ganar puntos, e incluso el partido. Bob Jones, el fundador de la universidad más excepcional del mundo, hizo esta contundente afirmación: «La más grande habilidad es la confiabilidad».

«Contar con» y «confiabilidad» son términos gemelos, y suelen referirse a las relaciones entre personas. ¿De cuánto valor es una amistad si tu amiga sabe (y tiene) exactamente lo que tú necesitas, y está totalmente de acuerdo en ayudarte, pero puede que haga o no lo que tú esperas? ¿Qué decir del obrero que asegura al jefe que el trabajo estará listo para el viernes y no lo termina a tiempo? ¿Qué ocurre en el caso de la esposa que dice a su esposo que enviará los cheques por correo y luego se «olvida» de ponerlos en el buzón?

Confiabilidad, en Proverbios 31, ocupa un puesto primordial en la lista de atributos de la mujer ideal. El segundo de los versículos (11) en que se la describe dice que su esposo podía contar con ella: «El corazón de su marido está en ella confiado».

Espero que no piensen que estoy forzando el texto si les menciono el versículo 24 como otra evidencia de su carácter cumplidor. Ella «da cintas al mercader». (¿Qué piensas que son esas cintas? ¿Recuerdan haber visto aquellas fajas para apretar la cintura que se compraban en las lencerías? No me pregunten por qué los traductores de la versión Reina-Valera escogieron la palabra «cintas» para traducir la prenda que era más bien un cinturón ancho que utilizaban tanto los hombres como las mujeres de ese tiempo, pero en definitiva eso es lo que eran las cintas).

Sin duda que la mercadería era buena y los mercaderes podían confiar en que ella les entregaría productos de buena calidad. La palabra "vender" está en tiempo presente, voz activa. Quiere decir que no fue solo una vez que ella vendió cintas. Tenía clientes. Continuaba vendiendo. Para tener éxito en cualquier negocio se requiere confiabilidad. Creo firmemente que nuestra mujer de Proverbios entregaba con puntualidad los cinturones anchos en el día que los había prometido. De lo contrario, su negocio de cinturones no habría durado mucho.

El trabajo de nuestro yerno como encargado de compras en una empresa importante, era mantener siempre suficiente mercadería para entregar los pedidos de cada día. Si uno solo de los proveedores fallaba en entregar los productos, todos los demás obreros quedaban ociosos. La firma perdía valiosos pedidos. Era seguro que se cambiaba a los proveedores irresponsables. La confiabilidad en el mundo de los negocios es esencial.

¿Tienes fama de ser una persona digna de confianza? Si es así, ¡mantenla! Ha sido ganada con luchas, pruebas y evidencias. Pide a Dios que te ayude a mantener y desarrollar esa reputación.

Quizá no se te conoce como alguien digna de confianza. Quizás has fracasado una y otra vez. ¡Aún hay esperanza! Es mucho más difícil cambiar la reputación de alguien como no confiable que conseguirse desde el principio la de serlo, pero se puede hacer.

Descubre cuáles son las razones de que a menudo fracases en llevar a cabo lo que se te ha encomendado, o lo que *dices* que vas a hacer. Haz los cambios necesarios. ¿Te olvidas de llegar a una cita? ¿Siempre llegas tarde? Revisa tu sistema de tomar notas. Mantén la lista al día.

¿Estás sobrecargada? ¿Te has comprometido a hacer más de lo que puedes porque no sabes decir «no»? Sabes bien cómo resolver el problema; solo tienes que practicarlo. Di «no». El plan de Dios no es que lo hagas *todo*.

¿Te olvidas o dejas de hacer algo porque no es importante para ti? Pide a Dios que te muestre lo que es importante para Él. Pídele que te haga ver bien claro los efectos negativos de no ser alguien confiable.

Si has fallado en guardar una promesa, te has olvidado de un compromiso, o has llegado tarde a una reunión, asegúrate de arreglarlo con las personas que están involucradas. Confiesa, pide disculpas, haz la enmienda que sea necesaria. Luego, con una visión renovada, lucha para llegar a ser alguien en quien se pueda confiar.

Llegar a ser digna de confianza requiere sacrificio. Cada día me enfrento con situaciones que yo preferiría no tener que gastar tiempo en ocuparme de ellas. Cuando estamos en casa, o en la oficina de nuestra Misión, preferiría pasar el tiempo con mis hijos y nietos, que tenerme que poner al día con todos esos papeles. Pero debo responder las cartas, corregir los cambios de domicilio, mantener al día el informe de nuestros recorridos y hacer numerosas diligencias.

Como hijos de Dios somos llamados a ser tan dignos de confianza como lo es Él. Nuestras vidas deben ser tan confiables como nuestra declaración de fe. La gente que nos observa deberían ver a Cristo. El parecido familiar debería ser inconfundible.

Años atrás, en un campamento de jóvenes, nuestro hijo se encontró con unos amigos de mi esposo. No habían visto a Rick desde que era muy pequeño. Sin embargo, de inmediato lo reconocieron como un Jensen, porque se parecía y se comportaba como su padre. ¿Somos llamados a mostrar la semejanza de Cristo, como Rick mostró la semejanza de su papá? Nuestro parecido de familia con Cristo requiere que seamos cumplidores, dignos de confianza, personas con quienes se pueda contar.

Las propias obras de la mujer virtuosa la alababan. Su familia y sus clientes confiaban en ella. Destellos de confiabilidad brillaban en todas las esferas de su vida. ¿Soy yo una persona digna de confianza? ¿Lo eres tú?

PARA UN FUNDAMENTO MÁS FIRME DE LA CONFIABILIDAD

1. ¿Qué le pasa a la persona con quien no se puede contar y no es digna de confianza?
   Proverbios 13:3-6

2. ¿Cuál es una de las maneras en que puedo mostrar que se puede confiar en mí?
   Filipenses 2:12-16

3. ¿Cuáles son algunas de las características que necesito en mi vida, para que me puedan considerar confiable?
   Salmo 78:7-8
   Proverbios 4:20-23
   Proverbios 12:17, 19
   2 Corintios 9:6-12
   Colosenses 2:5-7

Colosenses 3:22
Colosenses 4:17
1 Timoteo 6:18-19
2 Timoteo 3:14
Hebreos 6:15
Santiago 3:13
1 Pedro 3:1-4

capítulo 21

Honestidad y sinceridad

«Procurad lo bueno delante de todos los hombres» (Romanos 12:17b).

«Alguien que considera los derechos de los demás antes que sus propios sentimientos, y los sentimientos de los demás antes que sus propios derechos» (John Wooden, They Call Me Coach, p. 151).

¿Eres consciente de que la honestidad es un requisito previo para llegar al cielo? «Y todos los mentirosos tendrán su parte en el lago que arde con fuego y azufre» (Apocalipsis 21:8). Bueno, dices tú, me puedo pasar por alto este capítulo porque nunca digo mentiras.

¿Qué podrías decir en cuanto a la sinceridad? ¿Eres siempre *honesta* y *sincera*? Me responderías que por supuesto que eres sincera y que aparentas sinceridad.

De todas maneras, leamos juntas. Nunca está de más repasar un poco; quizá se sorprendan de lo que vamos a encontrar.

La honestidad requiere fidelidad *total* a los hechos, a *todos* los hechos. La sinceridad demanda ser totalmente genuinos, siempre.

La mujer virtuosa es un ejemplo de sinceridad y honestidad, aunque a ella le faltaban dos ayudas que tenemos nosotras. No disponía de la morada permanente del Espíritu Santo, y no poseía todas las Escrituras como nosotros. A pesar de eso, leemos:

«El corazón de su marido está en ella confiado, y no carecerá de ganancias» (Proverbios 31:11). Unos versículos más adelante dice (28) que sus hijos la llaman «bienaventurada» y su marido también la alaba. «Muchas mujeres hicieron el bien, mas tú sobrepasas a todas». Así concluye el versículo 29. Sin duda que entre esas virtudes estaban la honestidad y la sinceridad.

El principio sugerido en el versículo 11 contiene dos verdades. El hecho de que el esposo tenga completa confianza en su esposa, le otorga a él un poder y libertad inmensos. No necesita pasar tiempo preocupándose de qué podría suceder (en el hogar, la familia o en público) por causa del comportamiento de su esposa. Ella es genuina. Se puede confiar en ella. El esposo está libre para concentrarse en otros asuntos que demandan su atención.

Por otro lado, una mujer que sabe que se ha ganado la confianza de su esposo, también se siente segura. Se siente libre de usar su genio creativo pues sabe que su esposo confía en que ella hará bien las cosas.

Este principio también tiene aplicación en otras relaciones. Por ejemplo, el niño que sabe que sus padres están de verdad interesados en su bienestar, y lo van a tratar con honestidad, tendrá una confianza que lo ayudará a superar todo tipo de dificultades.

Pero el niño que no está seguro de la preocupación y amor de sus padres, lleva una gran carga en su vida.

El jefe o el supervisor que no precisa dedicar horas a supervisar la honestidad de los empleados, puede dedicar todo el tiempo a actividades más provechosas. Una obrera que sabe que sin duda alguna el patrón la va a tratar de forma justa, ahorra energías que se pueden utilizar tanto para beneficio propio como de la empresa.

Cada parte de la vida del cristiano debe estar saturada de honestidad. Nuestra Biblia nos dice: «andemos como de día, honestamente» (Romanos 13:13-14); «deseando conducirnos bien en todo» (Hebreos 13:18); «conducta honorable» (1 Pedro 2:12, NTV); «hacer las cosas honradamente» (2 Corintios 8:21); y «todo lo honesto… en esto pensad» (Filipenses 4:8).

¿Eres honesta? Responde a estas preguntas (honestamente):

1. ¿Alguna vez has hecho bromas, con tus hijos o amigos, acerca de haberle hecho aceptar tus ideas a tu esposo? ¿Tramaste alguna vez hacer que se comportara de una manera, o hacer algo que prefería no hacer?
2. ¿Alguna vez dijiste a tus hijos (o a tu esposo) algo que no era toda la verdad, porque pensabas que a ellos les beneficiaría no saberlo?
3. ¿Alguna vez permitiste que alguien creyera algo que no era exactamente la verdad, no porque dijeras algo falso sino porque no dijiste nada?
4. ¿Alguna vez has hecho algo en ausencia de tu jefe que no hubieras hecho de haber estado él presente, porque sabías que no lo aprobaría?
5. ¿Alguna vez has escrito cartas personales en tu horario de trabajo, porque nadie estaba cerca para verte?

No podemos hablar de honestidad sin referirnos a lo que algunas personas llaman honestidad cruel u honestidad que lastima.

Alguna clase de honestidad deberá doler. Si una respuesta directa, dada con amor, duele pero cura un problema, no podemos retener la verdad con conciencia limpia. «Fieles son las heridas del que ama, pero importunos los besos del que aborrece» (Proverbios 27:6). Por otro lado, muchas personas (nosotras las mujeres somos especialmente hábiles en esto) causamos un dolor innecesario al decir algo «por tu propio bien». A menudo, el hecho, aunque sea la verdad, no ayuda, sino que causa dolor.

En otras palabras, piensa dos veces antes de decirle a una hermana cristiana una verdad (bajo el disfraz de parecer honesta) que ella no pidió saber. Si debes decir esas verdades dolorosas, ¡suavízalas mucho con el amor de Cristo!

¿Y qué decir acerca de ser deshonestos con los hijos, porque piensas que ellos no están preparados para enfrentarse con la verdad? No hay recompensa para la deshonestidad. El hijo que pierde su confianza en el padre, va a tener dificultad en confiar alguna vez en alguien más, incluso en Dios. Y si descubres que a tu perro lo atropelló un auto, después de que tu mamá te ha asegurado que está bien, correteando en el campo, ¿puedes confiar que ella te va a decir la verdad la próxima vez?

Los niños pueden hacerle frente a muchas más verdades de las que podemos imaginar, si se las presentamos con amor y bondad. Demasiado a menudo intentamos engañarlos. Cuánto mejor sería para ellos recordar a un familiar o a un amigo que ha muerto, y está en la gloria del cielo, que hacerle creer que está por ahí, en alguna parte.

¿Qué haces cuando pasan cosas que piensas que tus hijos no deberían saber? Si eres honesta, puedes decirles que se trata de un asunto del que prefieres no hablar por el momento, y que lo compartirás cuando necesiten saberlo. El niño va a querer saberlo, sobre todo si parece algo interesante, pero si siempre lo has tratado con honestidad y sinceridad, va a aceptar lo que le digas.

Incluso las abuelas pueden no ser sinceras. Yo de vez en cuando le aseguro a mis nietos que cualquier día saldremos juntos o realizaremos alguna otra actividad. Pero a veces no cumplo mi promesa. (En realidad no tenía la intención de no cumplirles la promesa, solo que lo fui posponiendo). Al final, uno de mis hijos me dijo amablemente: «Mamá, por favor, espera hasta que vayas a poder hacerlo; entonces, vuelve a hablarles del asunto».

¿Eres honesta contigo misma? A veces nuestro problema no es que engañemos a nuestras familias o amigos, sino que no queremos enfrentarnos con la verdad en nuestras propias vidas.

¿Eres honesta con Dios? Muchas de nosotras nos negamos a admitir que un día estaremos delante de un Juez que recuerda nuestros pensamientos mucho mejor de lo que nosotras lo hacemos. ¿Por qué pensamos que si estamos fuera del ambiente de nuestra casa, y si nuestros amigos y conocidos no nos pueden ver, nos hemos escondido de Dios? ¿Cómo podemos sonreír en la iglesia y saludar con amabilidad a nuestros vecinos, y pensar que Dios no ve la amargura que sentimos en nuestros corazones hacia ellos? Nada se esconde de su vista.

Ese espíritu afable y apacible que Pedro exhorta a las esposas que procuren tener (1 Pedro 3:1-4), se va a manifestar en la mujer honesta y sincera. Por sus acciones, incluso sin palabras, ella gana para el Señor a un esposo incrédulo. Ella es sumisa, obediente a la Palabra, casta en su conversación, hermosa en su interior, sin tratar a propósito de atraer la atención hacia sí misma. Está ataviada de un espíritu afable y apacible. Es honesta y honrada. Es veraz y digna de confianza. Es sincera y le da la gloria al nombre de Dios. ¿Eres esta clase de mujer sincera y honesta?

Cuando las ruedas de un reloj se mueven por dentro,
las manecillas sobre la esfera se mueven por fuera.
Cuando el corazón del hombre es sólido en su conversión,
entonces su vida será inmaculada en su profesión.
—William Secker

(I. D. E. Thomas, *A Puritan Golden Treasury*, p. 65).

PARA UN FUNDAMENTO MÁS FIRME DE LA HONESTIDAD Y SINCERIDAD

1. ¿Cuáles son algunos de los principios y promesas de las Escrituras, en lo que concierne a la veracidad y a hacer lo correcto?
   Salmo 15:1-4
   Salmo 101:6
   Salmo 141:3
   Proverbios 12:22
   Proverbios 14:11
   Eclesiastés 5:4-5
   2 Corintios 8:21
   Efesios 4:25
   1 Pedro 1:22

2. ¿Cuál es la mejor manera y el mejor lugar para hallar las instrucciones que me ayuden a ser sincera y hacer lo que es correcto?
   Eclesiastés 12:9-11
   Tito 2:4-5

3. ¿Qué cosas puedo evitar, para tener una vida coherente y honesta?
   Mateo 6:2, 5, 7
   Romanos 13:13
   Colosenses 3:8-9
   1 Pedro 2:1-3

4. ¿Cuáles son las consecuencias de no ser veraz?
   Salmo 101:7
   Proverbios 13:5
   Apocalipsis 21:8

capítulo 22

Fe por medio de la oración

«Hay muchas cosas que son esenciales para lograr verdadera paz mental, y una de las más importantes es la fe, que no se adquiere sino por medio de la oración» (John Wooden, They Call Me Coach, p. 95).

Cuando se les pregunta a las mujeres qué es lo que más desean, suelen responder «felicidad» y «paz interior». La paz interior trae felicidad. Sin embargo, pocos experimentamos todo el tiempo la paz interior. Nuestras vidas, como la montaña rusa del parque de diversiones, van hacia arriba y hacia abajo.

Muchas de nosotras no estamos en paz nunca. Aun cuando las cosas estén funcionando bien y mantengamos una buena relación con los que nos rodean, nos embarga por dentro un descontento constante. La paz interior es algo sencillo de obtener. No fácil, pero sencillo.

¡La paz interior viene de la fe en Dios!

John Wooden pone la fe en la cima de su "Pirámide del Éxito". Ninguno de los otros elementos, aunque muy valiosos, están completos sin este creer incondicional en Dios, que da completa seguridad, confianza y esperanza.

La fe histórica es creer en la veracidad y exactitud de las

Escrituras. Por la fe entendemos que la mano de Dios hizo el mundo, sabemos que Cristo murió por nuestros pecados y que las Escrituras las escribieron hombres piadosos, a los que inspiró el Espíritu Santo.

La fe salvadora es la aceptación del favor de Dios que se nos ofrece por medio de Jesucristo. ¿Has considerado la vital y suprema perfección de Dios? Piensa en su conocimiento infalible, verdad inmutable, bondad infinita y enorme poder. ¿No es esta supremacía de Dios la base de nuestra fe? ¿Cómo *no* confiar en tal persona?

Por la fe somos justificados delante de un Dios santo (Romanos 5:1), llegamos a ser parte de su familia, y somos salvos del juicio eterno. La fe nos asegura que tiene preparado un lugar para quienes lo aceptamos como Salvador, y que vamos a reinar con Él por toda la eternidad.

La fe nos hace miembros del cuerpo de Cristo. «Otros dones nos hacen como Cristo, pero la fe nos hace miembros de Cristo» (Thomas Watson, I. D. E. Thomas, *A Puritan Golden Treasury*, p. 102). ¡Piensen en esto! ¡Somos uno con Cristo!

Después de apropiarnos de esta fe salvadora, se nos asegura la continua bendición de Dios para nuestra fe. Es esta seguridad la que nos trae paz, contentamiento y gozo.

La fe nos impulsa a servir. Una misionera en Brasil, llamada Sophie Mueller, escribió:

> Toda naturaleza es moldeable en las manos de Dios. Solo el hombre es el que dice: «No es así, Señor». Nosotros le damos nuestras vidas a Dios y luego se las volvemos a robar, hora tras hora. Damos largas a un asunto y esperamos… y hay almas que se precipitan a la eternidad, muriendo así como han vivido: sin Dios y sin esperanza. Si tuviéramos la fe de un grano de mostaza, cuán perfectamente nos moveríamos también nosotros en el programa de Dios (Sophie Mueller, *Beyond Civilization*, p. 41).

Esta pequeña mujer misionera trabajó la mayor parte de su vida en esos ríos de Brasil saturados de vapor. Generalmente estaba sola, con excepción de los nativos por los cuales ella sentía tanta carga. Superó las barreras del idioma. Les contó a aquellas tribus acerca de Cristo, que había muerto por sus pecados. Muchos fueron salvos. Se establecieron iglesias.

Esta mujer nos desafía a todas nosotras a tener fe y a avanzar dentro del programa de Dios.

Thomas Watson, guía espiritual y líder en su época, escribió: «La fe está llena de buenas obras. Ella cree como si no hubiera obrado, y obra como si no hubiera creído» (I. D. E. Thomas, *A Puritan Golden Treasury*, p. 127).

Fue nuestra fe en la provisión de Dios que nos hizo entrar en la obra de la Misión Evangélica del Uruguay en el año 1968. Mi esposo tenía 40 años de edad, un buen empleo y muy buen salario. Aunque a muchos el cambio les pareció temerario, sentimos que Dios nos quería como misioneros.

Mi prueba más grande de fe fue encontrar cristianos interesados en sostener nuestro ministerio. Habíamos oído hablar de personas que pasaban años tratando de conseguir ese respaldo. Nosotros ya éramos demasiado mayores como para esperar varios años antes de entrar por completo en la obra. Pero en el término de dos meses ya estábamos dedicados por completo al servicio misionero. Dios nos proporcionó más de lo que alcanzaba nuestra fe. Unas pocas páginas no bastan para enumerar todas las bendiciones del Señor para con nosotros durante estos años.

La fe aumenta al ser probada. Cuando tengo una necesidad, tal vez siento que me quiere entrar la desesperación. Sin embargo, recuerdo lo que Dios ha hecho en el pasado y me doy cuenta de que nunca me ha fallado en satisfacer ni una sola necesidad. Por esto tengo confianza en creer que va a hacer lo que sea necesario, ahora como antes.

La fe nos lleva a la oración. Le ofrecemos a Dios alabanza y acciones de gracias. Le rogamos el perdón de nuestros pecados. Las necesidades nos llevan a derramar nuestro corazón delante de Dios, convencidos que escucha y nos va a responder.

Cuando una de nuestras hermanas uruguayas esperaba su

segundo bebé, el doctor le dijo que iba a necesitar otra cesárea. Había tenido tantas dificultades con su primera cesárea que le rogó al doctor que por favor considerara la posibilidad de un parto normal. Le respondió que de ninguna manera.

Entonces le pidió al Gran Médico, Dios, que lo hiciera posible, y lo hizo, aunque no en la forma que ella esperaba. La ambulancia que la llevaba aquel día al hospital chocó contra otro vehículo. Los mellicitos nacieron antes de que ella pudiera moverse. Y sin cesárea. Dios le dio dos bebés saludables, una recuperación rápida y una respuesta muy especial a sus oraciones.

La fe trae victoria. «Porque todo lo que es nacido de Dios vence al mundo; y esta es la victoria que ha vencido al mundo, nuestra fe» (1 Juan 5:4).

¿Y qué podemos decir de nuestra heroína en Proverbios? Si han estudiado a fondo el capítulo, ya sabrán que en los veintiún versículos dedicados a esta mujer admirable sobre todas, solo uno menciona a Dios. Y esta sola mención aparece casi al final del pasaje (Proverbios 31:30).

El rey Lemuel ordena su presentación sobre la mujer ideal, de manera muy similar a como el entrenador Wooden ordena su pirámide del éxito: ¡la fe en Dios está en la parte más alta!

La mujer es diligente, buena, digna de confianza e inteligente. Sin embargo, esas cualidades no son suficientes. La mujer que confía en el Señor, esa será alabada.

¿Estás aún nerviosa e infeliz? ¿Sientes que eres responsable de hacer más de lo que puedes? Vuelve a leer este capítulo. Memoriza los versículos de las Escrituras. Pide a Dios que aumente tu fe. Ahí radica la respuesta a tus problemas. El que confía en el Señor es feliz (Proverbios 16:20).

¿Cuándo oras? ¿Oras solo en tiempo de desesperación y dificultad? ¿Por qué deberíamos orar nosotras? Porque Dios nos dijo que oráramos. Si lo amamos, nos va a encantar obedecerle y hablar con Él. Oramos porque Jesús oró, no para ser más santo, sino para ser obediente. Nosotras precisamos el poder y la guía de Dios.

PARA UN FUNDAMENTO MÁS FIRME DE LA FE POR MEDIO DE LA ORACIÓN

1. ¿Cómo está ligada la fe con la salvación en este texto? Encuentra también otros.
   Romanos 5:1-2

2. Fe en Dios es diferente a creer que hay Dios. ¿Cómo?
   Hebreos 11:1
   Santiago 2:18-20 y 22

3. ¿Debo tener fe para agradar a Dios?
   Hebreos 11:6

4. Mi fe es muy débil. ¿Hay alguna manera de acrecentarla?
   Mateo 21:22
   Lucas 17:5
   Filipenses 4:6

5. ¿De qué va siempre acompañada la fe?
   1 Corintios 13

6. En las Escrituras, ¿la oración está unida con qué otras cosas?
   Hechos 2:42
   Colosenses 4:2
   Santiago 5:15

7. Tarea: Leer el «capítulo de la fe», Hebreos 11

capítulo 23

Paciencia

«Las cosas buenas llevan su tiempo. La paciencia es perseverancia... la paciencia va a triunfar» (John Wooden, They Call Me Coach, p. 111).

James McGinley, el predicador escocés, dijo que su paciencia se agotó ante el hábito de su esposa de dejar mal cerrada la puerta del auto. Un domingo, cuando la puerta comenzó a batir, detuvo el auto y le dijo: «¿No puedes cerrar bien la puerta desde el principio?».

Ella, con voz tranquila, le respondió: «Tú te paras detrás del púlpito y pareces tan piadoso y santo, y poco se imaginan las personas que cinco minutos antes del servicio estás tan molesto por el asunto de una simple puerta». Él sintió peso en la conciencia.

«Mamá, tú sabes que he predicado cuatro veces hoy y mi paciencia está casi al límite».

«Sí», respondió ella, «y recuerda que yo te he escuchado cuatro veces hoy, y mi paciencia también está al límite».

No sé en cuanto a ustedes, pero a mí me toma menos de cuatro sermones por día para que mi paciencia llegue al límite. A veces la causa es tan solo el caminar lento de un niño o una fila de tráfico que se mueve lentamente.

La falta de paciencia es una dificultad que deben afrontar

muchos cristianos. ¿Por qué pienso así? Por la observación personal de una sola cosa. Escuchen a los maestros de Escuela Dominical alrededor de ustedes. O con disimulo oigan a los padres jóvenes que tratan con sus hijos antes y después de los servicios. Observen a los amigos, a los esposos, y a los niños. Somos una multitud de impacientes, ¿verdad?

Otra señal de nuestra preocupación con el tema de la paciencia es la cantidad de bromas que se hacen con relación a ello. «Señor, dame paciencia. Y ¡dámela ahora mismo!». Esta gran falta de paciencia hace que la mujer que la posee destaque como una señal luminosa. Y ella tiene la oportunidad de darle toda la gloria a Dios.

La paciencia se puede conseguir. Se la menciona a menudo en el Nuevo Testamento. «Mas tenga la paciencia su obra completa», dice Santiago (1:4), «para que seáis perfectos y cabales, sin que os falte cosa alguna».

Un entendimiento apropiado de las dificultades nos capacita para enfrentarlas con paciencia. Romanos 5 nos dice que la tribulación obra paciencia. Después de la paciencia viene la experiencia, y después de la experiencia, la esperanza.

Hudson Taylor, misionero comisionado a China, escribió: «No hay causas secundarias con Dios». En otras palabras, debemos enfrentar las pruebas con gozo, pues tenemos confianza que Dios las *permite* para nuestro bien.

Versículos como Romanos 8:28 son de mucha ayuda: todas las cosas obran para bien, si amamos a Dios. Animada nuestra mente con estos versículos, podemos aguardar con calma en medio de las pruebas, pues sabemos que son para nuestro bien y para la gloria de Dios.

Aun las frustraciones las podemos enfrentar con paciencia, si le pedimos a Dios que nos ayude a ver los hechos. Nos resultará más fácil ser pacientes en casa, si recordamos que el niño es lento porque está aprendiendo una nueva habilidad. O, porque está entusiasmado con una palabra que es nueva para él.

Hemos aprendido que la paciencia en el campo misionero es mucho más fácil cuando nos damos cuenta de que a nuestros amigos allá les falta la experiencia y la capacitación, que para nosotros ha sido un privilegio del que hemos disfrutado desde nuestra infancia. En 2 Timoteo 2:24-26 leemos: «Porque el siervo del Señor no debe ser contencioso, sino amable para con todos, apto para enseñar, sufrido».

También nos recordamos a nosotros mismos que la batalla por las almas en el campo misionero no es solo nuestra, sino también de Dios. Solo Él puede abrir el corazón y cambiar genuinamente las vidas. Nosotros presentamos la verdad. Él debe librar a las almas del poder de Satanás. Nosotros esperamos con paciencia en Él para que les otorgue la salvación.

La misma verdad se aplica cuando tratamos con nuestros amigos. La responsabilidad principal de los cristianos, unos para con los otros, es de amarse. Una característica esencial de ese amor es sobrellevarse mutuamente (Efesios 4:1-2). No es nuestra responsabilidad hacer más santos a nuestros hermanos y hermanas. Lo que nos corresponde es amarlos y animarlos. ¿No sería más fácil dejarlos que fueran tontos y descuidados e imperfectos, sin sentir la responsabilidad de verlos hacer lo correcto? Le encomendamos esto a Dios.

Lean este buen consejo que mi abuelo le escribió a su hija Esther, mi mamá:

> En cuanto a Dan y Wilton. No creo que sea necesario elegir ahora entre ellos. Tómate tiempo... Asegúrate de conocer bien al hombre con quien un día te deseas casar. Y aún así, no lo conocerás lo suficiente. Pero este asunto no se requiere que lo decidas ya. Si se te presentara pronto, posterga la respuesta, hasta que conozcas tu propio corazón. El tiempo es un gran revelador de secretos. No estés en ningún apuro; todo le llega a aquel que espera, pero lo más apropiado para esto es la Palabra. No te apoyes en tu propia prudencia. Pon tu carga sobre el Señor, y Él te sustentará. Encomienda al Señor tu camino, espera en Él y Él hará.

Este es un buen consejo para cualquier joven que esté esperando casarse. Tómate el tiempo. También es un buen consejo para cualquier mujer que enfrenta una decisión. Si no sabes qué hacer, no hagas nada. Sé paciente. Espera hasta que Dios te aclare cuál es el camino correcto a tomar.

Isobel Kuhn aprendió a esperar en Dios en China, cuando los comunistas la amenazaron. Estas palabras de F. B. Meyer la animaron mucho:

> Nunca actúes en medio del pánico, no permitas que los hombres te dicten qué hacer; procura calmarte y tranquilizarte; fuérzate a ti misma a entrar en la quietud, hasta que tu pulso se normalice y el temor ya no te inquiete. Cuando con más ansias quieras actuar, va a ser el tiempo en que cometas los más lamentables errores. No digas en tu corazón qué vas a hacer o a no hacer, sino que espera en el Señor hasta que Él te haga conocer su camino. Mientras este camino esté escondido, es claro que no necesitas actuar y Él se atribuye la responsabilidad por todos los resultados, al haberte mantenido donde estás (Isobel Kuhn, *In the Arena*, p. 209).

Lee de nuevo estas palabras cuando seas tentada a tomar en forma precipitada una decisión. Estas cosas son tan ciertas hoy como lo fueron hace cincuenta años.

A veces, el objeto de tu impaciencia eres tú misma. No has logrado lo que habías planeado. Te sientes inmadura e insatisfecha. Pensaste que ibas a entender más las cosas espirituales.

«Guarda silencio ante Jehová [el Señor], y espera en él» (Salmo 37:7). John Wooden les estaba hablando a los jugadores de baloncesto cuando hizo esta declaración: «Las cosas buenas llevan tiempo», y esto es verdad también para ti. Descansa sosegadamente en Dios. Aun en medio de tu desánimo, Él te está enseñando. Un día vas a ser perfecta. Un día la carrera va a terminar y recibirás el premio para no perderlo nunca. Ten la disposición de ser paciente.

La mujer virtuosa seguramente que no tuvo una vida fácil, pero leemos: «Y se ríe de lo por venir» (Proverbios 31:25b). Oh, estoy segura de que sus días estuvieron llenos de pequeñas recompensas y pequeñas satisfacciones, pero su verdadero regocijo le aguardaba en un día futuro. Su esposo e hijos la llamaron bienaventurada. Su remuneración final aún está por llegar, cuando «Cada uno recibirá su recompensa conforme a su labor» (1 Corintios 3:8). Entonces ella se regocijará. ¡Y nosotras también!

PARA UN FUNDAMENTO MÁS FIRME DE LA PACIENCIA

1. ¿Qué puedo esperar yo, si quiero desarrollar paciencia?
   Santiago 1:2-4

2. ¿Muestra Dios paciencia con sus hijos? ¿Cómo?
   Éxodo 34:5-7
   Números 14:18
   1 Timoteo 1:16
   1 Pedro 3:20

3. ¿Qué ayudará a mi paciencia durante los tiempos difíciles?
   Romanos 15:4-6

Acerca del entrenador John Wooden

Muy pocos equipos han dominado un deporte como lo ha hecho el equipo de baloncesto de los Bruins de la UCLA, durante el tiempo en que fue John Wooden su director técnico. En los doce años (1964-1975) bajo su dirección, el equipo del entrenador Wooden ganó diez campeonatos universitarios nacionales (NCAA), un récord que nunca ha podido ser superado.

En 1960, Wooden fue elegido al Salón de la Fama de Baloncesto como jugador y en 1972 como entrenador. Ningún otro hombre ha recibido esa doble distinción.

Jim Murray, encargado de la sección de deportes del periódico *Los Ángeles Times*, cree que John Wooden fue el mejor entrenador de baloncesto en la historia del baloncesto universitario.

John Wooden diseñó la Pirámide del Éxito durante sus primeros años como entrenador, al tratar de ayudar a los jugadores a entender cómo juzgar el éxito. Presentó la Pirámide como una base sobre la cual cualquiera puede edificar.

John Wooden ha sido un ejemplo para todos aquellos con quienes entra en contacto. ¿Qué lo hizo excepcional? El mismo entrenador Wooden nos da la idea de lo que es la vida de un hombre exitoso.

> En mi mente es muy difícil separar cualquier éxito, ya sea en la profesión, en la familia o, como en mi caso, el baloncesto, de la religión.

En mi profesión, tengo que estar profundamente interesado en mi fe en Dios, y de veras empeñado en el bienestar de mis semejantes... El entrenador que ha hecho un compromiso con una vida a semejanza de Cristo, ayudará a los más jóvenes, bajo su supervisión, a desarrollar una saludable disciplina de cuerpo, mente y espíritu que formarán un carácter digno del llamado de su Maestro. Debe dar un ejemplo correcto por medio del trabajo, y de sus hechos. No es fácil.

Yo creo que, de una forma u otra, todos buscamos el éxito. Y éxito es paz de mente, el resultado directo de la satisfacción personal al saber que hiciste lo mejor, para llegar a ser lo mejor de lo que eres capaz, y no solo en lo que concierne al físico. Buscad primeramente el reino de Dios y su justicia, y todas estas cosas os serán añadidas.

Yo trato de hacerles comprender a mis jugadores esta idea, y sé que debo practicar lo que predico, para que resulte efectivo. Hay muchas cosas que son fundamentales para llegar a tener verdadera paz mental, y una de las más importantes es la fe, la cual no se obtiene sin oración.

Hay solo una clase de vida que realmente triunfa, y es aquella que deposita su fe en las manos del Salvador. Hasta que no suceda eso, estamos en una dirección sin rumbo, que va en círculos y no llega a ninguna parte. Bienes materiales, ganar tantos en un partido y lograr prestigio, no significan nada delante del Señor, porque Él sabe cómo somos de verdad, y eso es lo que importa (John Wooden, *They Call Me Coach*, pp. 94-95).

EDITORIAL
PORTAVOZ

NUESTRA VISIÓN

Maximizar el efecto de recursos cristianos de calidad que transforman vidas.

NUESTRA MISIÓN

Desarrollar y distribuir productos de calidad —con integridad y excelencia—, desde una perspectiva bíblica y confiable, que animen a las personas a conocer y servir a Jesucristo.

NUESTROS VALORES

Nuestros valores se encuentran fundamentados en la Biblia, fuente de toda verdad para hoy y para siempre. Nosotros ponemos en práctica estas verdades bíblicas como fundamento para las decisiones, normas y productos de nuestra compañía.

Valoramos la excelencia y la calidad.
Valoramos la integridad y la confianza.
Valoramos el mérito y la dignidad de los individuos y las relaciones.
Valoramos el servicio.
Valoramos la administración de los recursos.